李沛文纪念文集

LIPEIWEN JINIAN WENJI

主编 李树芳
顾问 李大胜 陈晓阳

中山大学出版社
·广州·

版权所有 翻印必究

图书在版编目（CIP）数据

李沛文纪念文集 / 李树芳主编. —广州：中山大学出版社，2018.3
ISBN 978-7-306-06256-7

Ⅰ. ①李⋯　Ⅱ. ①李⋯　Ⅲ. ①李沛文（1906—1985）—纪念文集　Ⅳ. ①K826.3-53

中国版本图书馆CIP数据核字（2017）第305280号

LIPEIWEN JINIAN WENJI

出 版 人：	徐　劲
策划编辑：	金继伟
责任编辑：	刘学谦
封面题字：	黄英豪
封面设计：	林绵华
装帧设计：	林绵华
责任校对：	林彩云
责任技编：	何雅涛
出版发行：	中山大学出版社
电　　话：	编辑部 020-84110771，84110779
	发行部 020-84111998，84111981，84111160
地　　址：	广州市新港西路135号
邮　　编：	510275　　传　真：020-84036565
网　　址：	http://www.zsup.com.cn　E-mail:zdcbs@mail.sysu.edu.cn
印 刷 者：	佛山市浩文彩色印刷有限公司
规　　格：	787mm×1092mm　1/16　13.25印张　200千字
版次印次：	2018年3月第1版　2018年3月第1次印刷
定　　价：	128.00元

如发现本书因印装质量影响阅读，请与出版社发行部联系调换

鞠躬尽瘁，
险阻艰难，
固认为分内事也。

——纪念农业科学家李沛文教授

李沛文

（1906—1985）

李沛文，字质生，广西苍梧县人，中国民主同盟盟员，著名教育家和农业科学家，我国果品储藏加工学科的奠基人之一。历任私立岭南大学农学院院长，园艺系及植物生产学系教授、系主任，华南农学院（今华南农业大学）一级教授、副院长，华南农科所副所长，中国农业科学院学术委员会委员，兼任广西省人民政府委员、广西省农林厅厅长，第二至第六届全国政协委员，广西省第一届人大代表，广东省第一、二届人大代表。

李沛文教授毕生从事农业科教事业，治学严谨，学识广博，有很强的行政管理能力，对发展广东省农业科学和我国农产品储藏加工科学做出了重要贡献。李沛文教授为人正直，谦虚谨慎，一生为改变中国农业的落后面貌殚精竭虑。

哲人其萎，山高水长；缅故策新，千古流芳。

雕像作者：吴雅琳（广州美术学院）

雕像摄影：朱英元

序

李沛文先生是华南农业大学的重要开创者之一，是我国果品贮藏加工学科的开创者。他的学术遗产、精神遗产对我国园艺学界和华南农业大学助益良多，为后辈所景仰。

回顾李沛文先生丰富的人生经历，我们可以发现，他始终将个人抱负与国家的发展、民族的振兴紧密联系在一起，在为人、为师、治学、治校和参与国家政治生活上始终贯穿着崇高的使命感、坚定的理想信念和忘我的奉献精神。他是我国著名民主革命家李济深先生的长子，人生道路可以有很多选择，而他选择的是科学报国、振兴祖国农业，并为此奋斗了一生。他为人师表、诲人不倦，培育了大批德才兼备的农业人才；他治学严谨，学识广博，富有创新精神，注重联系生产实际开展科学研究，为改进我国果品贮藏保鲜技术做出了重要贡献；他具有世界眼光和全球意识，在推动开展国际交流合作、积极引进海外优秀人才方面做了很多卓有成效的工作；他担任岭南大学农学院（华南农业大学的前身之一）院长职务8年，担任华南农学院副院长28年，担任华南农业大学顾问2年，为学校的建设发展奉献了自己的青春和才华，是当之无愧的农业教育家、农业科学家。

《李沛文纪念文集》在华南农业大学2006年编辑出版的《李沛文诞辰百年纪念册》基础上，增添了许多珍贵的材料，更加详细地记录了先生的生平，更加全面地展现了先生的风采，对于传承和弘扬李沛文先生的精神风范很有意义。我坚信，李沛文先生开创的事业和他的崇高精神将不断传承下去,激励着一代又一代华农人砥砺奋进,为实现中华民族伟大复兴和增进人类福祉不断做出新的贡献。

李大胜

华南农业大学党委书记、教授

2017 年 12 月 28 日

目录

李沛文重要年谱		1
李沛文教授	李明启 何贻赞	8
荣誉		16
出生广西贫困农村		24
留学海外		30
和谐家庭		33
科学研究及国际交流		40
社会活动		49
现代农业及目前广东农业科学技术的几个问题	李沛文	57
《华南农学院学报》始刊词	李沛文	66
缅怀一代宗师	卢永根	68
深切怀念李沛文同志	何 康	71
改革开放初期我和李沛文交往的二三事	骆世明	73
李沛文教授与广东省农业科学院果树研究所	舒肇甦	76
薪火相传 继往开来	陈维信	85
怀念恩师李沛文院长	陈长敬	90
怀念恩师李沛文院长	颜坚莹	92
深厚的友谊	胡秀英	94
回忆50年前	郁隽民	98
李沛文院长爱国、敬业、爱生的典范永志不忘	林孔勋	103
告别李副院长	周其明	105
怀念李院长	何等平	107
缅怀李沛文教授	梅英俊	109
严谨治学 诲人不倦	薛德榕	110
服务社会 风范长存	梁子超	111
回忆李沛文恩师的二三事	陈乃荣 戴月明	112
李沛文教授100周年诞辰纪念	陈作溥	114

1

忆与念	关佩聪　罗冠英	115
怀念恩师质生先生	邹南荪	117
缅怀李沛文教授对广东果树研究和发展做出的重要贡献	黄淑蓉	119
矢志不渝　实践自己的理想	区元愆	121
与李沛文院长共事30年	李小流	123
回顾李副院长的卓越贡献	潘润智	125
缅怀李沛文教授	邓树开	127
永远怀念恩师	曾启瑞	129
重视基础理论，联系生产实际	李作梁	130
我的日记	林伟振	133
我国果品贮藏保鲜学科的开拓者之一——李沛文	苏美霞	136
知难而进　锲而不舍	梁立峰	143
远见与求实	陈灵	146
不能忘却的怀念	郑国梁	149
怀念李沛文教授	郭政波	151
李沛文家书一封	李沛文	153
百年华诞忆父亲	李树芳	155
秉承父亲的高贵情操	李慈君	164
怀念爸爸	李婉君	168
和爸爸在一起的日子	李淑君	171
爸爸的一封信	李沛文	177
宾夕法尼亚州州立大学农学院院长史密斯的唁函	塞缪尔·H.史密斯	178
追忆我的外公	朱励红	180
回忆大伯伯李沛文	李惠君	182
怀念最亲爱的大哥哥	李筱林	184
回忆大哥哥	李筱莉	187
大哥哥和我们	李沛辉	189
怀念沛文大表叔公	周培元	191
我的父亲和我们一家	李树芳	194
李沛文主要论著		199
后　记		201

李沛文重要年谱

出生：

1906年10月18日生于广西苍梧县

婚姻状况：

1937年1月与李娉意教授结婚

学历：

1927年赴美国留学，先后在普渡大学、依阿华大学学习，后转入康奈尔大学研究院专攻果树学，并在加州大学修读柑橘栽培学

1931年美国康奈尔大学农学院毕业，获学士学位

1932年获农科硕士学位

职务：

（中华人民共和国成立前）

1935—1936年，岭南大学农学院副教授

1936—1941年，岭南大学农学院植产系系主任兼教授

1941—1949年，岭南大学农学院院长

1942—1945年，国营第四农场场长

1948—1949年，机械农垦管理处广东分处主任

（中华人民共和国成立后）

1949年10月—1952年8月，岭南大学农学院教授兼院长

1952年9月—1955年4月，华南农学院筹委会副主任委员

1955年5月—1983年12月，华南农学院副院长

1956年4月，华南农业科学研究所副所长，柑橘研究所所长

1956年参加民盟，历任民盟广东省副主委、民盟中央委员

1983—1985年，任华南农业大学顾问

国际学术活动：

1976年，从美国引入优良牧草"岸杂一号"，成效显著

1980年9月，参加中国赴美农业教育考察团，赴美国交流访问

1980年，率团访问香港渔农处等单位

1981年，在华南农学院设立亚太地区蚕桑培训中心，培训亚太地区的蚕桑科技人员

广东、广西任职：

1950年4月—1957年7月，任广西省人民政府委员

1950年10月—1953年，任广西省第一届人民代表大会代表

1951年4月—1953年5月，任广西省人民政府农业厅厅长

1954年7月—1958年4月，任广东省第一届人民代表大会代表

1955年2月，任广东省人民委员会委员

1958年5月，任广东省第二届人民代表大会代表

科研获奖项目：

1985年，农业部授予"荔枝低温储运研究及应用技术"科技进步三等奖

1986年，广东省农业厅授予"荔枝低温储运研究及应用技术"技改二等奖

教学奖：

1984年，华南农业大学颁发"从事农业教育、科研、管理工作40年较大贡献奖"

1983年，中国农学会颁发"从事农业科研、教学、推广或行政工作逾半个世纪，劳绩卓著奖"

学术团体职务：

1952年，组建华南农学院果蔬贮藏加工教研组、研究室，任学科带头人

1984年，任中国农业科学院第一届学术委员会委员

1984年，任中国农学会第二届理事会副理事长

中国科学技术协会委员

广东省科协副主席

广东省农业技术干部职称评审委员会主任

荣誉：

1954年7月，当选广东省第一届人大代表

1956—1965年，任全国政协委员会第二、三、四届委员

1978—1983年，任全国政协委员会第五、六届委员

深圳农业科学研究中心名誉主任

广东省制冷学会顾问

广东省包装技术协会顾问

广东省遥感学会顾问

岭南大学广州校友会顾问委员会副主任

逝世：

1985年4月16日逝世于广东省广州市

A Chronicle of Peiwen Li's Life

Birth
Born on Oct. 18, 1906 in Changwu County, Guangxi Province

Marriage
Married in January 1937 to Prof. Li Pingyi

Education
1927, studied in Purdue University, Iowa University and Cornell University, USA, also took courses of citrus planting in University of California

1931, graduated from Cornell University, received B.S. degree in Horticulture

1932, received M.S. degree from Cornell University, USA

Positions held
(Before the founding of the PRC)

From 1935 to 1936, Associate Professor, School of Agriculture, Lingnan University

From 1936 to 1941, Professor and Director, Plant Protection Department, School of Agriculture, Lingnan University

From 1941 to 1949, Dean, School of Agriculture, Lingnan University

From 1942 to 1945, Director, the Forth State Farm

From 1948 to 1949, Director, Guangdong Section, Department for Machinery and Farming Management

(After the founding of the PRC)

From Oct.1949 to Aug.1952, Prof. and Dean, College of Agriculture, Lingnan University

From Sep.1952 to April 1955, Deputy Chairman, Preparatory committee of South China Agricultural College

From May 1955 to Dec. 1983, Deputy President, South China Agricultural College

April 1956, Deputy Director of South China Research Institute of Agricultural Science and Director of Citrus Research Institute

In 1956, Li joined China Democratic League, later he was elected the Deputy Chief Commissioner of Guangdong Branch, and the member of the Central Committee

From 1983 to 1985, Consultant of South China Agricultural University

International academic activities

1976, introduced forage grass "Anza No. 1" from the USA

Sept. 1980, visited the USA as a member of China Agricultural Education Delegation

1980, led a delegation to visit the Fishery and Agricultural Department, Hong Kong

1981, set up UN Asian-Pacific Region Training Center for Mulberry and Silkworm to train technicians from Asian and Pacific regions

Positions once undertaken in Guangdong and Guangxi Provinces

From April 1950 to July 1957, State Commissioner, Guangxi Provincial Government

From Oct. 1950 to 1953, Representative, First Guangxi

People's Congress

From April 1951 to May 1953, Director, Agriculture Department of Guangxi Province

From July 1954 to April 1958, Representative, First Guangdong People's Congress

Feb. 1955, State Commissioner, Guangdong Provincial Government

May 1958, Second Guangdong People's Congress

Awards for scientific achievement

1985, "Low Temperature Storage and Shipment Research and Applied Technology", awarded Third Prize for Progress in Science and Technology by Ministry of Agriculture

1986, "Low Temperature Storage and Shipment Research and Applied Technology", awarded Second Prize for Technology Improvement by Agriculture Department of Guangdong Province

Awards for educational achievement

1983, award for outstanding works in agricultural research education, promotion and management by Association of Agriculture Scientists of China

1984, award for forty years of great contribution in academic works by South China Agricultural University

Positions in academic bodies

1952, set up Fruits and Vegetables Storage and Processing Teaching Research Group and Lab, being the academic leader

1984, Member, the First Academic Committee, Chinese Academy of Agricultural Science

1984, Deputy Director of Board, the second board of directors,

Chinese Association of Agronomy

    Member, Association of Science and Technology of China

    Deputy Chairman, Guangdong Association of Science and Technology

    Director, The Evaluation Committee for Professional Titles of Agricultural Scientists and Technicians

Honours

July 1954, the representative to the first People's Congress of Guangdong Province

From 1956 to 1965, member of the second, third and forth National Committee, Chinese People's Political Consultation Conference

From 1978 to 1983, member of the fifth and sixth National Committee, Chinese People's Political Consultation Conference

Honorary Director, Shenzhen Agricultural Science Research Center

Consultant, Guangdong Provincial Association for Refrigeration

Consultant, Guangdong Provincial Association for Packaging Technology Consultant, Guangdong Provincial Association for Remote Sensing

Deputy Director, Consultation Committee, Guangzhou Association for Alumni of Lingnan University

Passed away on April 16, 1985 in Guangzhou, Guangdong, China

李沛文教授
（1906—1985）

李明启　何贻赞 [①]

  李沛文教授，字质生，生于 1906 年 10 月 18 日（农历九月初一），广西苍梧县人，华南农业大学一级教授，我国著名教育家、农业科学家，我国果品贮藏保鲜学的奠基人之一。

  1925 年，李沛文考入广东大学学习；1927 年赴美国留学，先后在普渡大学、依阿华大学学习，后转入康奈尔大学研究院专攻果树学，并在加州大学修读柑橘栽培学，到 1932 年获硕士学位。回国后，1935 年起，历任私立岭南大学农学院园艺系和植物生产学系教授、系主任和院长等职。中华人民共和国成立后担任过岭南大学农学院院长、华南农学院副院长、华南农业大学顾问、华南农科所副所长、中国农业科学院学术委员、中国农学会第二届理事会副理事长，还兼任过广西省人民政府委员、农业厅厅长，全国政协第二至第六届委员，民盟中央委员，民盟广东省委副主任委员、顾问，并先后被选为广西省第一届人民代表，广东省第一、二届人民代表等。他毕生从事农业科教事业，为振兴祖国的农业做出了重要贡献。

一、尽心竭力，振兴祖国农业

  李沛文的故乡是广西沙田柚和荔枝的著名产区，他幼年时期生活在乡间，对农业生产有一定的感性认识，对水果栽培尤感兴趣，后又受到一位

[①] 李明启，华南农业大学退休教授，博士生导师，2000 年逝世。何贻赞，原华南农业大学教务长。

学农科的叔父的影响，故到美国留学时专攻果树园艺学，立志振兴祖国农业，并为之奋斗终生。

李沛文在岭南大学农学院任教期间，为推动广东柑橘事业的发展，积极进行了柑橘的调查研究，确认我国的潮州柑品质优良，堪与美国的著名甜橙品种媲美，惜因栽培技术落后，又受黄龙病危害，以致有日渐衰落之势。为改变这一状况，他于1937年冬在潮汕产柑中心潮安县鹳巢乡创建了柑橘育种研究室，进行育种和柑橘病虫害防治研究工作；其后，得潮汕实业界人士郑寿芝先生的资助，于1939年春在潮阳县设立潮汕柑橘试验场，先后邀请林孔湘、郑天煦、黄昌贤三位专家进行柑橘育种及病虫害防治研究工作。他特别重视对潮汕柑橘业威胁较严重的柑橘黄龙病的研究。当时正值抗日战争时期，条件十分艰难，但他矢志不渝，排除万难，积极进行试验研究，并表示："同人等只求于农学有所改进，于柑农有所裨助，于国家生产有所增益，则鞠躬尽瘁，险阻艰难，固认为分内事也。"可见他立志振兴祖国农业的苦心和决心。

抗战胜利后，他继续进行潮汕柑橘试验研究工作。他认为，防治柑橘黄龙病应从选择优良无病母树入手。为此，他立即恢复了潮汕柑橘优良母树的调查工作，并选出一批优良母树供繁殖之用。这项工作一直持续到中华人民共和国成立初期。

李沛文不仅关心柑橘事业的发展，他还意识到必须以农业机械化取代数千年来的犁耙耕种法，这样才能改变我国农业生产的落后面貌。1948年，他在兼任联合国救济总署办事处广东农垦处主任职务时，在东莞县的马鞍围成立了机耕农场，作为广东省农业机械化的示范农场。1949年9月，国民党逃离大陆前，曾命令李沛文将农场所有物资转移到海南岛。李沛文对国民党的反动统治早已不满，因此他拒不执行命令，暗中叫人将汽车和农业机械的轮胎及重要零件拆卸下来，使这些物资无法转移。国民党反动派了解到这一情况后，在一次会议上突然将他扣留，幸得岭南大学及社会人士多方奔走营救，也由于他在教育界、学术界及社会上享有较高声誉，国民党特务不敢对他下毒手，广州解放前夕他才被保释回家。

李沛文在美国留学时就已注意到果实贮藏的重要性。鉴于我国水果贮藏技术落后，他在岭南大学农学院执教初期，便积极开展柑橘果实贮藏技术的研究，数十年如一日，即使是在抗战时期，他也从未停止过此项科研工作，并获得可喜成果。他先后于1936年、1942年在《岭南农刊》发表了《柑橘贮藏试验》(上、下篇)，这是我国较早期的关于水果贮藏的研究成果。他是我国这一学科领域的开创者。

20世纪50年代初，国家外贸部门进行广东果品(柑橘、香蕉、菠萝)出口远销到苏联、东欧的试验。李沛文从一开始即领导并参与这项试验研究，取得了良好成果，为我国热带、亚热带果品远途运输打下了一定基础。

1978年，他根据多年试验结果撰写了《柑橘果实在冷藏中出现"水肿病"的一些规律》一文，指出柑橘果实存在不耐低温的特点，易发生水肿病变，提出了甜橙、椪桶柑、蕉柑等的冷藏适温观点，广州市果品公司应用此项技术解决了蕉柑"水肿病"问题。这一研究成果很快便在广东省各地及北京、天津、上海等地推广应用。

在国家"六五"计划期间，李沛文主动承担了由国家经委、商业部主持的"水果贮藏保鲜"的攻关项目，以研究柑橘类果实贮藏保鲜为主，他分析了甜橙褐斑病害的原因，提出了抑制褐斑病的预防措施。此项成果后被列为国家"七五"推广项目之一。

为了让国内外更多的人能尝到岭南佳果荔枝，李沛文从1956年开始对广东几个主要品种荔枝的冷藏和气体贮藏进行了大量的试验研究工作。1983年，他又主持了"荔枝保鲜贮藏运输研究"这一项国家攻关课题，并取得了成果，使广东荔枝不但能运至我国北方，而且还出口到加拿大等国。

二、毕生致力农业教育

李沛文从1935年开始执教于岭南大学农学院，至1985年去世，从事农业科教工作达半个世纪之久。

(1) 不怕艰苦，勇挑重担。1940年，岭南大学农学院从香港迁回粤北坪石；1941年秋，原农学院院长古桂芬病逝，李沛文遂在兵荒马乱的艰苦年代，担负起主持岭南大学农学院工作的重任。他兢兢业业，团结全院师生，克服重重困难，使农学院在困境中得到发展。

抗战后期，日寇做垂死挣扎，进犯粤北，企图打通粤汉线，坪石的安全受到严重威胁。李沛文率领师生辗转于粤北山区和湖南汝城之间，极其艰辛。当时，他家已迁至桂林，但他仍只身留在学院，与师生同甘苦、共患难。在他的带领下，全院师生终于得以渡过险境，而他自己则因操劳过度患了一场重病，几至不起。

（2）积极推动华农开拓发展。1949年10月14日，广州解放，李沛文以获得新生的无比激动和兴奋的心情，积极投身到新中国的建设中去，为发展祖国的高等农业教育，特别是为华南农学院的组建、开拓和发展做了大量卓有成效的工作。

1952年年初，根据中央人民政府政务院有关指示，广州地区高等学校开展了院系调整工作，李沛文积极响应中央号召，和丁颖、赵善欢一起领导了华南农学院的筹建工作。他率领原岭南大学农学院全体师生员工，由岭南大学原址迁至石牌，与原中山大学农学院及广西大学农学院牧医系、病虫害系部分师生合并组建成华南农学院，并出任副院长，分工主管科研和总务方面的工作。建院初期，总务工作十分繁重，真是百废待举。他深知总务工作是教学和科研的后勤部，工作好坏与学校基础建设和教学、科研的质量直接相关。因此，他不厌其烦，事必躬亲，尽量发挥他多年积累的办学经验和领导才能，在改善学校基础设施方面取得了良好成绩。

李沛文对事关学校学术和教学的科研工作也十分重视，亲自主持编辑出版《华南农学院学报》，积极组织、推动全校教师开展科学研究，多次组织全校性学术讨论会，并邀请省内农业科学工作者来校参加，大大活跃了华南农学院的学术气氛。

为了能更好地贯彻中央提出的"百家争鸣"方针，以促进华南农学院学术水平的提高，李沛文针对当时部分教师存在的思想问题，撰写了专论《谈谈放手贯彻"百家争鸣"中的一些障碍》一文刊登在院刊上，要求教师们为了真理，排除思想障碍，积极参加"争鸣"，推动科学发展。文章还严厉地批评了那些妨碍"争鸣"的教条主义者和自认为是正统的马列主义者。

　　李沛文对农业科教事业的发展，视野是广阔的，不是局限在校内，而是面向全省。为了加强华南地区农业科研工作，发挥农业科学技术在生产上的作用，在华南农学院创立初期，他即与丁颖、赵善欢共同向广东省人民政府建议筹办华南农业科学研究所（即今广东省农业科学院）。该所成立后，丁颖任所长，李沛文任副所长，负责主持该所日常工作；并组织华南农学院一批知名专家、教授支援农科所工作，有些还兼任该所的系主任和课题主持人，有力地促进了该所的发展和整体科技水平的提高，为广东农业科研事业的发展打下了良好基础。李沛文为了解决农产品贮藏加工专业人才缺乏的问题，院系调整后不久他就组建了华南农学院果蔬贮藏加工教研组，加强了果蔬贮藏加工学的教学工作，使更多的学生能修读这门课程。1981年，他主编了全国统编教材《果品贮藏加工学》（农业出版社1981年出版），向全国发行。经他多年积极筹备，在他去世前一年，即1984年，华南农业大学农产品贮藏加工专业开始正式招生。李沛文对专业人才的培养，要求严格，他常提醒师生，我们不仅要对专业有深入的研究和具有合乎一定规格的技术，而且必须具有高度的政治思想水平和广阔的经济视野，才能担负起祖国农业建设的重任。

　　为了促进国际学术交流，改善华南农学院办学条件，李沛文在晚年积极开展外事活动和对海外侨胞、港澳台同胞的工作。根据中央关于高等学校应积极争取与国外的同类大学建立学术联系的精神，他努力促成华南农学院和美国宾夕法尼亚州立大学农学院建立学术联系，开展有关合作科研、交换学者和资料共享等工作。1980年和1981年，他曾两次到美国进行教育考察，先后邀请了美国阿诺德树木园研究员胡秀英博士和康奈尔大学刘富民博士等多位学者来华南农学院讲学，并聘请胡秀英博士为华南农学院客座教授。

　　1981年，李沛文到北京，与联合国开发总署官员商谈在华南农学院成立亚太地区蚕桑培训中心事宜，经过他的努力，促成了该蚕桑培训中心在华南农学院成立；通过办班，发挥了华南农学院优势，支援了第三世界，扩大了国际影响，也为华南农学院增添了一批教学和科研设备。他还争取到联合国开发总署和粮农组织在华南农学院开展亚热带地区的农业生态学研究项目。

通过李沛文的努力，1980年，华南农学院得到在港华南农学院校友捐赠语言实验整套设备；1981年，争取到世界银行400万美元长期低息贷款，李沛文亲自担任项目负责人，规划贷款的使用，并派遣教师出国进修。

三、胸怀坦荡，心系祖国

李沛文是一位胸怀坦荡、时刻不忘祖国农业现代化和祖国统一大业的爱国教育家、科学家。中华人民共和国成立后，他从两种社会制度的鲜明对比中深切地体会到，只有社会主义才能救中国。尽管在错误路线的影响下，他受到多年不公正的对待，特别是在"文革"十年动乱中受到政治上和精神上的迫害。但他坚持真理，相信党，相信群众，并通过一定的方式对"四人帮"的倒行逆施表达了强烈的不满，并进行了抵制。在逆境中，他虽有时感到惶惑苦闷，但他热爱祖国的决心和科教兴国的抱负始终没有动摇。他一直谨记一个科教工作者的神圣职责，特别是党的十一届三中全会以后，对实现社会主义"四化"充满信心，以不用扬鞭自奋蹄的精神，关心华南农学院的发展和广东农业现代化，他不顾自己已年迈体弱，增加招收研究生，积极组织教师开展国内外学术交流，还亲自为广东省的领导干部讲课。为改变"文革"十年来广东农业科学技术明显落后的状况，经过深入思考，他撰写了《现代农业及目前广东农业科学技术的几个问题》一文，发表于《广东农业科学》（1979年6月）。文章从"农业科学技术应走在生产前面"这一基本观点出发，提出了解决广东农业科学技术的几个战略问题的意见。他认为，首先要加强广东农业科研力量及其领导，以期能急起直追，改变农业落后面貌。其次，广东幅员广大，既有亚热带气候，又有热带和温带气候，农业的地域性是非常严格的，不能以一个农业区域来代表全省，也不应按目前的行政区域来划分农业区域，这都不利于科研成果的推广应用。为此，他建议要根据土壤、地貌、植被、河流山脉分布、气候特点、社会经济条件和农业生产习惯等划分农业区域,设立综合试验基地,担负全省农业科学院分院的任务,以利于农业因地制宜地发展。最后,要以农业生产长期高产稳产作为科研的着重点,采用现代化手段改进作物育种技术和栽培技术。此外,他还提出把牧草研究排上议程,以促进畜牧业生产;进行林业革命以解决木材及纸张紧缺等问题。李沛文这篇论文,表明了其渊博的学识和对广东农业发展的深思熟虑,至今仍具有现实指导意义,也是他留给后人宝贵的精神财富。

李沛文十分关注祖国统一大业。他在担任全国政协委员、省人民代表和民盟中央委员期间,密切联系各界人士,广交朋友,联系感情,积极开展海外侨胞和港澳台同胞的工作,为我们党在新时期的统一战线工作做出了积极的贡献。

李沛文的一生,是殚精竭虑、兢兢业业、为祖国的农业科教事业贡献全部精力的一生。李沛文的父亲是我国著名爱国民主人士、原中央人民政府副主席李济深先生。以他的家庭出身,在旧社会原可投身宦海,谋求高官厚禄,荣华富贵,但他视之如敝屣,而投身于科教事业。他治学严谨,基础深厚,学识广博。以他的学识和聪明才智,可以在科学研究上做出更大的贡献,在学术上取得更高的地位。但他觉得个人的学术成就比起整个学校的科研教学工作来说,还是次要的。因此,他把大部分的精力、时间用于学校的领导工作上,而把较少的一部分精力和时间用于自己的业务,牺牲个人的小利益,换取学校整体大局的收获。就总体来说,成就当然是大得多了。但他在科研方面的成果也是丰硕的。例如,他在早期的关于潮汕柑橘选种及黄龙病的研究,关于柑橘、香蕉、荔枝贮藏的研究,以及晚年由他主持的荔枝花芽分化期间内源激素变化的研究等,在国内均是开创性的,为今后的研究工作开辟了道路,而且已取得了较大的成果。

李沛文具有较高的领导才能和组织能力,他担任学校领导长达40多年,为学校的开拓、发展,为国家培养农业专门人才以及促进广东农业科技事业的发展,都做出了重要贡献。最后,我们引用李沛文对自然科学进取精神的一段论述来表达对他的怀念。1947年,李沛文在岭南大学将一座明朝天启七进士石坊迁入校园内落成仪式上发表演讲时,严肃地指出我国封建科举制度盛行之时，正是欧洲自然科学兴起之时，17世纪伽利略、哥白尼、牛顿等西欧科学家已经取得了辉煌的成就，我们不应只停留在瞻仰这座壮丽的石坊上，而应努力去仿效300年前西欧科学家的创造精神，在自然科学的领域里不断探索，奋勇前进。李沛文不但选择了农业科教工作为终生职志，而且培养了大批从事自然科学工作的学生，他们在不同领域中对大自然进行不断的探索。

荣 誉

中央人民政府任命通知书

府字第 1710 号

兹经中央人民政府委员会第六次会议通过任命李沛文为广西省人民政府委员

特此通知

主席 毛泽东

一九五零年四月十一日

（中华人民共和国中央人民政府之印）

中央人民政府
政务院 **任命通知书** 政字第 2468 号

兹经政务院第八十次政务会议通过任命李沛文为广西省人民政府农林厅厅长

特此通知

总理 周恩来

一九五一年四月十三日

（中央人民政府政务院印）

广东省人民委员会任命书 第00259号

任命 李沛文为华南农学院付院长

省長 陈郁

1959年9月14日

荣誉

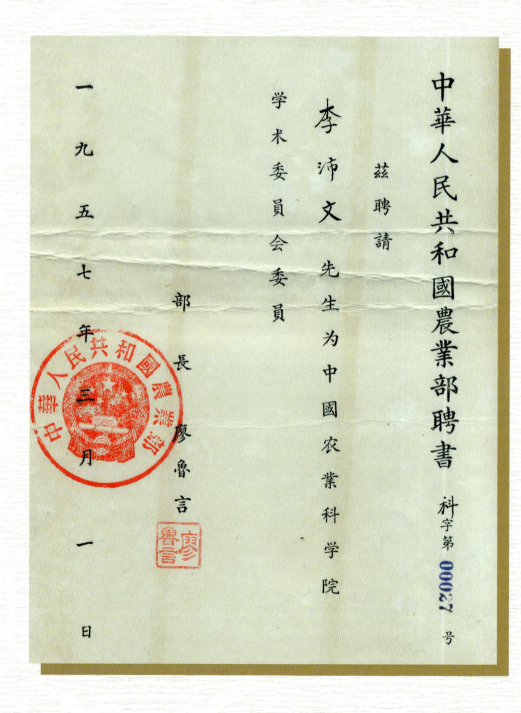

荣誉

嶺南大學聘書 51字第 89 號

茲聘

李沛文先生為本大學園藝系教授兼代系主任
及蠶農學院院長
暨菠柑橘研究所主任

此聘

附訂聘約如左

一、任期由一九五一年八月一日起至一九五二年七月卅一日止如續聘於期滿前另訂新約
二、非經校長許可不得在校外兼職
三、其他待遇細則另行訂定辦理

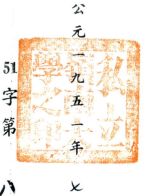

公元一九五一年七月廿一日發

校長 張〔簽名〕

51字第 八九 號

應聘書

茲承

嶺南大學聘為園藝系教授兼系主任
及蠶農學院院長暨菠柑橘研
究所主任

謹如約應聘並簽送應聘書以備存查

受聘人 簽名蓋章

一九五一年 月 日

李沛文 同志担任中国农业科学院第一届学术委员会委员期间对本会工作做出贡献特给予表彰

中国农业科学院学术委员会

荣誉

一位殚精竭虑、兢兢业业、为祖国的农业科教事业贡献一生的学者

一位胸怀坦荡、时刻不忘祖国农业现代化和祖国统一的爱国教育家、科学家

出生广西贫困农村

1 | 2
3

1. 弟弟妹妹眼中的好长兄（14岁）
2. 父母的第一个孩子。6岁与母亲合影
3. 与父母亲及弟弟妹妹在广州（1927年）

出生广西贫困农村

父亲李济深

陆军一级上将；曾任黄埔军校副校长，国民革命军总参谋长；抗战时期，任军事委员会桂林办公厅主任；1948年在香港组建中国国民党革命委员会，并任主席；中华人民共和国成立后，历任中华人民共和国副主席，全国人民代表大会常务委员会副委员长，中国人民政治协商会议全国委员会副主席。

1. 父亲李济深和母亲周月卿
2. 李沛文一家和父母亲、弟李沛金一家及妹妹李筱莲、李筱菊在广州（1946年）

出生广西贫困农村

1. 20世纪40年代与父母亲及弟弟妹妹合影
2. 青年时代的李沛文

1. 父亲和母亲在北京（1954年）
2. 李沛文一家与父母亲在北京合影（1950年）

1. 与母亲及表哥周泽甫（左）在北京（1954年）

2. 与母亲、妹妹李筱菊合影（1963年）

出生广西贫困农村

留学海外

1. 留学美国期间与其他留学生合影
2. 与留学生朋友合影

留学海外

1 | 2
3

1. 留学时期的李沛文
2. 与友人合影
3. 与同学合影

1. 在康奈尔大学实验室
2. 与朋友合影

和谐家庭

与岭南大学生物系助教李娉意结婚（1937年1月）

1. 李沛文、李娉意结婚照片（1937年）
2. 与夫人李娉意合照（1941年）
3. 李沛文夫妇在北京（1956年）

和谐家庭

1. 全家合影（1948年）
（左起：大女儿李慈君、李娉意、小女儿李淑君、二女儿李婉君、李沛文、儿子李树芳）
2. 在岭南大学住家花园里留影（1949年）
3. 全家合影（1952年）

1. 全家合影（1953年8月）
2. 在华南农学院住宅区51号花园（1964年）（左起：李树芳、李慈君、李娉意、李沛文、李淑君、李婉君）

1. 与二女儿婉君、二女婿李凤琪,儿子树芳、儿媳康德妹,小女儿淑君、小女婿陈思轩及孙子、外孙女合影(1981年)
2. 爷孙其乐融融(左起:外孙女陈竹岩、孙子李进伟、小孙子李进国、外孙女李雪梅)

和谐家庭

1. 与儿媳康德妹（左二）、孙子李进国、女儿李慈君（右一）合影（1983年）
2. 1985年春节与儿媳、孙子合影

和谐家庭

1. 李沛文和夫人李娉意
2. 李娉意三弟、加拿大箍铸造专家李明烈博士来华讲学时与亲属合影（1979年）

科学研究及国际交流

1. 李沛文主编全国农业高校教材《果品贮藏加工学》与其他农业院校编委、专家以及参加教材学习班的有关人员合影（1980年）
2. 李沛文考察猕猴桃果园（1983年）

1. 与参加全国高校教材《果品贮藏加工学》的编委、专家及有关人员合影（1980年）
2. 华南农业大学果树贮藏加工教研组全体教职工及研究生合影（1985年）

1. 中国农业教育代表团访问美国（1980年）
2. 访问美国依阿华大学（1980年）

1. 访问美国佐治亚大学（1982年）（右一：庞雄飞教授，左二：骆世明教授，左三：吴灼年教授）
2. 访问美国康奈尔大学（1980年）

科学研究及国际交流

1. 率华南农学院代表团访问香港（1980年）
2. 参观实验农场
3. 参观香港大学实验室

1. 接待苏联专家访问岭南大学（1952年）
2. 陪同苏联专家访问柑橘产地（1952年）

1. 与联合国亚太蚕桑培训中心官员和学员交谈（1983年）
2. 接待联合国粮食与农业组织官员（1979年）

1. 接待澳大利亚气调保鲜专家李永申先生等人（1984年）
2. 接待外国专家代表团访问华南农业大学（1980年）

1. 李沛文夫妇与美国宾州大学农学院院长夫妇等人合影（1978年）
2. 在家中接待美国宾州大学客人（1982年）（左起：Bergman 教授、农学院院长 Smith、李沛文、宾州大学教务长 Schraer）

社会活动

1. 参加全国政协会议（1981年）
2. 在全国政协会议小组座谈会上发言（1981年）

参加全国科学大会（1978年）

1. 参加全国农业科技会议（1982年）
2. 廖承志（左一）副委员长接见回国探亲的李济深大女儿李筱梅

社会活动

1. 与李宗仁夫妇会面（1966年2月）（前排左起：李达潮、李宗仁、郭德洁、周月卿、李娉意。后排右起：李沛文、李筱菊、程思远）

2. 李沛文夫妇与菲律宾武装部队总参谋长夫妇合影（1979年）

社会活动

1. 欢送美国友人（1978年）
2. 岭南大学农学院教授及夫人在李沛文院长家聚会（1948年）

1. 李沛文夫妇与华南农业大学原岭南大学农学院教师合影（1979年）
2. 李沛文夫妇、冯秉铨夫妇与岭南大学校友及美国友人合影（1979年）

1. 李沛文与岭南大学校友（1983年）（左起：黄启铎、李沛文、陈国桢、韦懿）
2. 李沛文夫妇与岭南大学校友（1984年）

1. 与岭南大学老朋友在中山大学校园（1983年）
2. 李沛文夫妇与华南农业大学老朋友合影（1984年）

现代农业及目前广东农业科学技术的几个问题

李沛文

近20年来,世界上由于自然科学之间的互相渗透日益向纵深发展,生物科学与农业科学的发展一日千里,现代农业生产也以同样的速度蓬勃发展。我们的农业生产和农业科学,由于原有的底子薄,加上对国民经济的发展规律掌握得不够好,特别是由于林彪、"四人帮"反党集团的严重破坏,显然是落后了。从1949年到1976年,我国的粮食单产是有很大提高的,共增加了128.5%。但到1976年全国单产(包括复种)仍只是亩产313斤。按人口平均,每人每年只有610斤粮食(1975年)。而加拿大、美国、罗马尼亚、苏联、法国每人粮食平均都在1200斤以上,是我们的2~6倍。这些国家能腾出很多粮食来饲养牲畜。和一些农业比较先进的国家来比,我国是一个畜产品很少的国家。按人口平均,我国每人每年吃16.6斤肉,喝2.2斤奶类,吃4.4斤蛋类。美国每人每年吃216斤肉,喝490斤奶类,吃36斤蛋类。我们的整个农业生产率是低的,我国农民每人每年只生产2000斤粮食,美国每个劳动力可以生产136500斤粮食,1万斤肉,1770斤蛋品,25000斤牛奶。我国每人每年平均消耗纸张3.7公斤,只占世界人口平均的1/8多一点,比起美国每人平均消耗190公斤是少得多了。纸张之所以奇缺,主要是因为木材问题。我国每人每年平均只消费0.06立方米木材,约为日本的1/20,比起北欧、加拿大、美国那相差就更远了。其他在化肥用量、除草剂用量等方面,我们也都差得较远。

指出这些差距,主要是为了擦亮眼睛,鼓起干劲。中国人民有志气,有能力,是一定可以迎头赶上去的。

一、现代农业生产的特点和农业科学技术的发展动向

（一）高度机械化、大型化

美国从 1940 年开始，农业生产就已基本机械化了，到 1960 年，每人每小时可以生产的谷物是 1940 年产量的 6 倍。机械化生产也已由谷物扩大到棉花、牧草和果蔬等农作物。

近年来，国外农业机械正向超大型方向发展。美国拖拉机总马力数从 1940 年的 4200 万匹增加到 1972 年的 20900 万匹，较 1940 年约增加了 4 倍。该国 1950 年拖拉机平均功率为 30 马力，1975 年为 68 马力，1978 年在原已有的 300 马力的拖拉机之后又出现了 500 匹马力的。这些拖拉机田间作业速度可达每小时 28.5 公里。它们所挂的播种机每小时可准确地播地 87 亩，犁地的幅宽达 14 米，中耕幅宽达 21 米，施肥机每天可施肥 3000 亩。驾驶员在隔音及空调驾驶室内通过监测器随时可知各种部件是否处于良好工作状态，有电子计算机装置的旋臂喷灌机每运行一周可灌 3000 亩的土地。飞机在农业上的应用，标志着农业机械化向更高阶段发展，它的作业效率比地面机械操作高达百倍，并且成本也低，近年用于喷药、施肥、播种方面，并在不断扩增。

由于大量使用大型机具，近 20 年农业先进国家的农业劳动生产率有了极大的提高，体力劳动大大减轻。例如，韩丁农场每日可生产 1 万斤粮食，2 人一年只劳动 150 天，即可绰有余裕地完成 1700 亩农场的全部工作，生产 150 万斤粮食。他们的劳动生产率在美国仍属中等水平，但已相当于我国 660 个农民的生产量。

（二）工厂化、专业化、整体化

伴随着农业机械水平的迅速提高，谷物、禽畜等生产技术的不断改进，国外农业生产及经营逐步走上工厂化及专业化的道路。目前，美国商品农产品的供应主要是由 200 多万个专业化商品农场供应，它们占全部农场的 75%。它们专营谷物、棉花、蔬菜、果树或其他大田作物或者养鸡或养乳牛。例如，美国加州的苏培利亚农业公司拥地 21 万亩，专门种植亚热带果树或蔬菜。我们所常听闻的韩丁农场，在 1700 亩土地上大量种玉

米，少量种苜蓿。大的养鸡场养鸡数量可达400万～500万只，小的也有2万～3万只，一般是工厂化，一人可管5万～10万只鸡。这些养鸡场都是"配合饲料商"的车间，他们把肉鸡或鸡蛋的生产、加工、储运、销售等各个环节联结起来，建成整体化的家禽垂直协作机构。1971年，美国国内95%的鲜奶和大部分牛肉，约一半的鲜菜，全部甜菜、甘蔗都是由这种整体化的垂直协作机构企业经营。

苏联的生产、加工、销售一体化的农工商联合企业，日本的农业协同组合，南斯拉夫的农工联合企业，都是这种整体化的时代产物。

（三）良种化

美国在20世纪30年代玉米每亩的产量为184斤，到1940年开始用杂交玉米（一种良种）后，升为每亩294斤。1975年全部采用杂交玉米后，增至每亩798斤，为1930年的4.3倍。1973年，美国玉米产量已占世界玉米全部产量的一半，每人可分得1500磅。

墨西哥未用小麦良种之前小麦亩产为117斤，用良种11年后，在1961年亩产升为224斤，1971年386斤，1976年560斤，超过美国、苏联同时期的小麦增产速度。墨西哥国家小麦良种中心保存各种小麦品种1万份，作为育种的种质。

菲律宾国际水稻研究所育成的"IR"，曾有"奇异稻"之称，一时颇受重视。该所现存有42000多份水稻种质为育种材料，已经对17000多份的37项不同性状进行鉴定并储存到电子计算机中。菲律宾1976年育成了"IR36"，亩产可达1700斤。

前面提到的美国杂交玉米、墨西哥良种小麦、菲律宾的"IR"水稻都还是常规杂交育种的产物。自1954年加拿大曼尼托巴大学开始国际生产性的谷物远缘杂交——小麦与黑麦杂交选育小黑麦后，我国的育种工作也于50年代开始这一工作。国外到1974年把5个最高产的小黑麦在各地的47个试点对比，它们的产量超过最好的小麦产量的15%。小黑麦育种家预言，到1990年，小黑麦将会超过最丰产的小麦产量的50%。所以，远缘杂交已为育种者所重视。

另一个良种化发展动向是遗传工程。所谓遗传工程，就是用人工的方法把不同的动植物的核酸分子（基因）提取出来，用酶进行体外切割，交换移优，"缝合"后再放回动植物体中，使遗传特性重新组合，创造出新的动植物类型。这种方法已初步在生物固氮这项遗传工程中进行试验。生物固氮的能力只为极少数的低等植物和微生物所固有，如红萍及蓝绿藻与根瘤菌之类的微生物。豆类植物如花生、黄豆能和根瘤菌共生，这些根瘤菌死后把从空气中取得的氮给予其共生的豆类作物，它们就靠此生长发育。但是，主要的粮食作物如水稻、小麦、玉米的根际没有这类根瘤菌共生，人们想把根瘤菌的固氮基因转移到这些没有固氮能力的细菌上去，好使水稻、小麦、玉米等也可以获得空气中的氮而无需或少施氮肥。目前已可以把固氮细菌的固氮基因移植到一种叫作质粒细菌的一段染色体上面，并将之植入大肠杆菌。科学家们还要花很大力量把这种工程应用于其他细菌及高等植物上面去，以制造新的优良植物类型。

植物依其光呼吸强度分为三碳植物及四碳植物，一般来说，四碳植物的光合能量转化率高于三碳植物，所以四碳植物是高光效植物。人们除了用遗传工程的方法来培育这种高光效植物外，也应用常规选种办法，如选优良株形的作物，或通过种内杂交的方法以达到这个目的。所有这些方法统统被称为高光效育种。提高作物的光能利用率，是粮食增产的最有效方法。这也是良种化的一个途径。

再就是原生质体融合这个途径。前面介绍的除了遗传工程以外，其他都是有性杂交。1960年，当有人提出用酶溶解胞壁使原生质体能够游离独存的时候，一个植物育种的"无声革命"已经开始。从这个始点出发，现在已经可以使不同种的植物即不能用普通有性杂交法育成的植物可以人为地育成，以培育出更理想的作物品种。

（四）化学化

1970年至1971年，世界肥料的使用至少保证了农产品产量的31%，并且在集约使用无机肥料的国家，这个百分率更高。化学肥料对提高单产占有很重要的位置，这一点是很明显的。像日本、荷兰这些耕地面积少的国家，它们每亩平均施用247斤（日本）至484斤（荷兰）化肥，比起我国的30斤，那就多得多了。大量使用化学肥料，是国外现代农业生产

的一个很突出的特点。

化学化还包括农药的使用。美国在 1974 年全国用了 30 万吨农药。日本和西德按单位面积计算，比美国用得更多。

除草剂的利用也是现代农业生产的一个特点。机械化促进了除草剂的使用。日本的稻田全部采用化学除草剂。美国除草剂使用面积也占耕地面积的 40%。目前，在美国、日本、英国、西德以及苏联，化学除草剂的数量和品种的增长速度都比杀虫剂、杀菌剂快。在这些国家，除草剂的产量占农药总产量的 1/3 以上，而产值却已跃居第一位，其中英国达到 70% 以上。

化学肥料的氮虽是从空气得来，但这个氮一定要在非常大的压力下（300 个大气压）及很高的温度下（500℃）才能与从石油中提炼的氢结合为氨。这个制造法叫哈勃氏合成法，是一个费钱并且要消耗大量石油的方法，而目前世界上用这种方法也只能生产 4200 万吨的纯氮，与需求量还有很大的距离。更有甚者，地球上的石油资源日益枯竭，日益昂贵的化肥将一直把粮食的价格推向上升，这个恶性连锁是无法解脱的。石油资源的危机正迫使人们不得不转向生物固氮以求肥料的解救。

二、目前广东农业科学技术的几个问题

10 年来，广东省农业虽有一定发展，但速度缓慢，低于全国平均水平，这是广东省当前国民经济一个突出的薄弱环节。农业科学技术应走在生产的前面。以下拟就有关广东农业科学技术的几个战略性问题略抒己见，以供参考。

（一）加强农业科研力量及其领导问题

广东省农业科研工作也存在有"散"的现象，各自为政，重复劳动。邓小平副主席对科学技术是生产力的精辟论述，也是对广东省农业科学力量的要求和鞭策。广东是得天独厚的省份，本应在农业生产上跃居各省之上，而不是"增长速度低于全国平均水平"，因此有必要加强广东省的科研力量及其领导，以期能急起直追。

（二）划分农业区域，设立综合试验基地问题

广东既有亚热带气候，也有热带气候，北部还兼有暖温带气候的特点，其面积不小于欧洲一个中等大小的国家，所以不能以一个农业区域来代表全省。但目前作为农业科学技术指导机关，只有一个农业科学院，这是不合理的。农业的因地制宜性即地域性是非常严格的，绝不能拿一个栽培品种和方法推广于像广东这样广大的区域。因此，最少应当有几个具有上千亩的综合性的农业科学试验基地的科学技术指导机构，任务相当于农业科学分院的一整套组织，才可以为这个地区的农、林、牧、副、渔进行可靠的科学试验及示范，并在这个区域内推广。

至于应有多少农业区域以及怎样划分，不应因利乘便地按目前的行政区来划分，而需要用遥感技术先做好全面的土地普查、土壤普查，再根据过去的农业生产习惯以及各地区的地貌、河流山脉分布、植被等各方面资料及气候特点和社会经济条件来科学地划分。划分后，每个农业区域应设一个农业科学分院，由省农业科学院领导，负责进行该区域全面的农业科学技术试验，然后进行示范推广，并且在技术上保证该区域的最低限度的增产。有了这种"岗位责任制"才可以打好农业的科学技术仗，也才有条件打全省所要求的农业翻身仗。各分院要能为该地区负责，就得配备足够的技术人员、足够的物力条件，使之能全面地、单独地作战。现代化的贵重的科学设施，省院有一套也就够了，但各分院应该具有起码必需的现代化的试验手段。

（三）形成一整套以审定的良种为基础，乘坐式拖拉机耕作，工厂化育种，机械化插秧，综合防治病虫害的水稻栽培技术问题

广东应颁布"种子法"。在农业区域化的基础上，建立一整套良种选育、区试、审评、繁育体制和制度，实行种子加工检验机械化和良种标准化。不论是什么单位选育出来的品种，必须经过良种区域和省级检验审定，确认有推广价值才能推广。一般三年复壮更新，保证纯度及质量。采用工厂化育秧，机械化插秧，除草剂灭草，综合防治病虫害，以达到稳定地高产。建立稻谷烘干、贮藏、加工中心和种子加工中心，以减少因稻谷

霉烂而导致的重大损失。

（四）以农业生产长期高产稳产为研究的着重点问题

农业的大干快上，不外三个途径：一是扩大耕地面积，二是提高单产，三是改革耕作制度。中华人民共和国成立后，由于工业、交通、住宅等用地，现有耕地面积减少了 400 万亩。可见，第一个途径在广东不太有前途。关于提高单产，以全省生产条件较优越的佛山地区为例，该地区从 1965 年至 1974 年是着重抓提高单产的 10 年，结果在 10 年后粮食单产提高了 144 斤，平均每年增加 14.4 斤。所以，第二个途径在这个例子中可窥见其增产的速度是慢的。再谈耕作改革方面，广东省解放以来经历了三次大变革。20 世纪 50 年代合作化时期改单季稻、间作稻为双季稻，1957 年比 1953 年粮食总产增加了 20 亿斤。60 年代推广了绿肥和矮秆良种，1966 年比 1963 年增产了 46 亿斤。70 年代实行以土肥为重点的农田基本建设，1974 年比 1970 年增产了 30 亿斤。可见，第三个途径是值得注意的。江苏省早抓大抓以中造为中心的耕作改革，已是千斤省。四川省倾听群众对不问条件推广"两稻一麦"的反映："三三见九不如二五一十"，及时提出"狠抓小麦，猛攻中稻，积极准备条件推广双季稻"的方针，1977 年四川省双季稻面积减少了 800 万亩，而稻谷总产量却增加了 24 亿斤。

下面是广东省 1972—1977 年冬小麦的单产数量：

年份	亩产（斤）
1972	124
1973	81
1974	117
1975	111
1976	126
1977	148
	平均 117

这几年冬小麦的平均单产没有任何一年超过148斤，平均只有117斤。而高州泗水公社有6个大队于1974年试种了30亩秋小麦，只用了95天的全生育期，比广东一般冬小麦125天的全生育期少了一个月。但试种结果，单产平均都在200斤以上。从长期高产稳产来评价，值得把冬小麦和秋小麦认真地做些对比。1978年，冬小麦因为春雨，致使麦粒严重发芽腐变减产，更值得认真分析小麦在广东的宜植期。广东1977年秋因为没有寒露风，又没有台风，晚造获得了很高的产量。但在这之前连续5年的晚造都是低产甚至减产的。这和前面说的冬小麦6年的低产都是值得认真分析研究的耕作制度上的问题。农业生产是会冒一些风险的，但连续多年的低产减产，就不能以风险作为原因解释问题了。因此，应把长期高产稳产与前面所提出的农业区域的划分及全省分设综合试验基地的问题合并起来考虑。

（五）采用现代化手段改进作物育种技术问题

应在各自然农业区域内设置水稻及其主要作物的育种站，负责各该区的良种培育，再交所属各县进行区域试验、推广。而省农科院的各专业单位则应该把全省现有的及可征集到的大量种质资源的外部形态、食用品质，并按叶片的解剖结构与二氧化碳扩散速度、光合强度、光合作用、光饱和点、光能利用率等生理生化性及抗虫抗病能力，分工全部测定，并把这些遗传信息一一录入电子计算机，再根据各区的育种要求，代为或协同拟订育种计划，并充分利用人工气候装置，以加速育成材料的世代繁育或鉴定，以利事功。

除常规育种技术外，应积极探索原生质体融合、各种手段的人工诱变及各种遗传工程，包括脱氧核糖核酸重组技术以及各种作物的属间远缘杂交技术，以求育种技术的突破。

（六）研究及发展饲草问题

广东不应该老是用水浮莲及假水仙作为饲料。美国在这方面已很有成就。但他们仍花很多力量做这项工作。牲畜不应再和人抢粮食或少抢粮食。广东也应该把饲草研究排上议程。

（七）林业革命问题

我们看过了有关我国木材资源的统计数字，看到了向科学进军的声势，不能不考虑采用林业革命的做法来解决木材及纸张的紧张问题。10年或20年才能成材的速生树种，似乎连气候宜人的广东也不能在2000年之前做出特殊贡献，以解决全部问题。

美国南部在近15年已试验成功用美国梧桐造林，从第三年起用收割及捣碎联合机将母树割刈捣碎，其后每年收割萌蘖一次，每亩每年可以从这些萌蘖取得相当于84立方尺的木材。这些萌蘖捣碎为碎片后，可制造优质纸张，可制成为墙壁、地板、门、窗等模制品，也可以用来制造人造丝、糖、糖蜜及酵母。用这种植林法以利用我国南方优越气候及固有萌蘖树或引入相当于美国梧桐等树种，就可以在广东的造林地带非常迅速地提供木材，似乎未尝不值得从战略上来考虑研究。

（本文原载于《广东农业科学》1979年6月）

《华南农学院学报》始刊词

李沛文

《人民日报》1980年元旦社论是《迎接大有作为的年代》。《华南农学院学报》于1980年始刊，我们热诚地拿这个刊物来"迎接大有作为的年代"！

自1979年党领导全国人民开始把工作着重点转移到四个现代化建设上来的时候，我国人民建设社会主义的伟大事业就进入了一个新的历史时期。而农业现代化工作则于1979年党的四中全会通过《中共中央关于加快农业发展若干问题的决定》（以下简称《决定》）时，也进入了一个新的历史时期。农业这个新的历史时期是分阶段的，规定前3年完成前一个阶段的任务，以便能在这个基础上逐步实现农业的现代化。很显然，1980年是我们农业工作者和全国人民一道实现工作着重点的转移和执行《决定》这一伟大任务的乘风破浪前进的年代，是大有作为的年代。

应当肯定，农业现代化不局限于农、林、牧、副、渔这五个方面生产的现代化，它的根本目标应该在于确立能够充分而又肯定地满足供应全体人民需要的农业体系。为了实现这个目标所要完成的工作和付出的劳动肯定要有这三个内容：一是农业生产条件的现代化，如机械化、电气化、水利化和田园化；二是农业生产技术的现代化，如采用良种、化肥、农药、除草剂以及能延续地改善地力、提高光能利用率等新技术；三是农业管理的现代化，还包括农业生产力的合理组织（如农、林、牧、副、渔的结合，农业生产区域化、工厂化、专业化等），农工商一体化以及生产关系和上层建筑的不断改革。有必要强调，农业现代化包括在农业中运用现代科学研究成果，以及进行与农业有关的科学新领域的探索，如光合作用、生物固氮、遗传工程、农业系统工程、农业生态系统、环境污染、遥感技

术、电子计算技术、人工控制天气和各种能源的利用。

正如前面所说,这个学报始刊于工作重点转移到四个现代化的时刻,它的使命理所当然要围绕着农业现代化这个中心。它将刊出所有与这直接或间接地有关的学术性论文,但是,它也绝不会放弃一篇哪怕是阶段性的试验研究小结。如果科学是循序渐进、逐步上升的石级的话,纵使最基层的一块石级,也不要抛弃它,它是有一定价值的。只要它是新的发现,哪怕是一点一滴的成果,也很可贵。农业科学者们为了尽快改变我国农业科学的落后状况,用这个基础胜利地建成社会主义强国,这是历史赋予我们的伟大历史使命,是全民族的共同任务,没有任何部门、系、室与此无关,"没有任何人可以置身度外"。从现在到2000年只有20年了,一年总结工作一次,只有20次,"确实非常紧迫,时间一点也浪费不得。我们要只争朝夕,不畏劳苦",尽快尽好地完成历史赋予我们每个人的任务。

我们热诚地欢迎院外的支持。

本刊第一期在1980年的春天出版。"日出江花红胜火,春来江水绿如蓝"。中国科学院院长郭沫若说这是科学的春天,难道这不也是"大有作为的年代"的春天吗?让我们张开双臂,热烈地拥抱这个春天吧!

缅怀一代宗师
——纪念李沛文教授百年华诞

卢永根[①]

今年（2006年——编者注）是李沛文教授百年华诞，转瞬他已离开我们20多年了。他从1941年至1983年，相继担任广州岭南大学农学院院长和华南农学院副院长整整42年，是名副其实的"老院长"。

我在1949年9月考入岭南大学之前就已经认识李院长的亲人，并从他亲人那里对他有一定的了解。但我是在入学之后才认识李院长的，算起来我们也有37年深厚的师生感情了。

一、同李家的"缘分"

1946年9月，我在香港培侨中学读高中时，认识了李院长的两个弟弟李沛瑶和李沛铃。沛瑶和沛铃那时读初中，我们都寄宿，同住一幢宿舍，而且是隔邻床位，因此很熟稔。沛瑶比较内向，待人坦诚；沛铃则活泼而调皮，晨操时常常"偷鸡"（广州方言，缺席的意思），先到饭堂拿早餐。有一次，他把吃剩的肉罐头放在床下，因罐头发臭而被舍监发现。当时培侨中学刚创办，经费十分困难，校方发动"爱校运动"向社会募捐。我想到，李济深将军是知名的爱国人士，当时正旅居香港筹建中国国民党革命委员会，他的书法很出名，我想请他给我们写一幅书法作品。于是约了沛瑶、沛铃带我到香港坚道他们的寓所拜见他们的父亲。李将军为人温和，欣然接见了我这个毛孩子。他身穿白色丝绸唐装，十分儒雅，看上去不像个军人，更像个学者。他身旁站着两个揣着手枪的彪形"马弁"（贴身保镖）。他说目前手头没有钱，但乐意为我们写一幅书法作品，并立刻挥毫。后来，我们把这幅书法作品卖给一位印尼爱国华侨。沛瑶两兄弟还

[①] 卢永根，中国科学院院士，原华南农业大学校长、教授、博士生导师。

带我在他家里四处转，地下室放满了木箱，其中有几箱是小型电影放映机的设备，说是他们的哥哥李沛文寄存的。中华人民共和国成立后，李院长就用这部小型放映机为我们放映考察台湾农业的记录片。

二、忠诚的爱国主义者

李院长1927年即远渡重洋，立志学习农业科学，为振兴祖国的农业奋斗。他先后在美国的普渡大学、依阿华大学、加州大学和康奈尔大学农学院学习，1932年获科学硕士学位，回国后一直在岭南大学农学院任教。抗战期间，为了保护和发展祖国的教育和科学事业，他毅然离开家庭，不顾个人安危，只身带领师生员工跋涉辗转于粤北的穷乡僻壤之中。中华人民共和国成立前夕，不少留学归国的专家学者由于对共产党存在疑虑而纷纷移居境外。此时，李院长却以渴望黎明的心情盼望新中国，并为新中国尽力。中华人民共和国成立前，他利用自己的职权，有意阻挠国民党把联合国救济总署办事处广东农垦处拥有的一批农业机械转移到海南，使这批物资得以留给新中国。结果，国民党广州警备区司令李及兰将他逮捕。"李济深之子李沛文在广州被捕"，成为当时轰动省港澳的头条新闻。后经各方营救，李沛文在广州解放前夕被释放出狱。

中华人民共和国成立以来，他为了新中国的农业教育和科学而勤奋工作。在极"左"路线和历次政治运动的冲击下，他受过不少伤害和不公正的对待，但他对党和老一辈无产阶级革命家怀有深厚的感情，义无反顾，一心一意跟党走。"四人帮"刚倒台，他就满腔热情地投身到社会主义"四化"建设中去。

三、杰出的农业教育家

李沛文教授不仅是我国著名的园艺学家，还是一位杰出的农业教育家。他先后担任农学院院长和副院长近42年，对教育规律有深刻的理解，对教育行政管理有丰富的经验。他视野广阔，看问题富有前瞻性。他是"双肩挑"的专家。更难能可贵的是，他全身心投入行政管理工作，他朝思暮想的是如何办好农学院，而不是个人的业务。举凡有利于农学院的事情，他都努力去办。例如，华农第一个语音实验室、亚太地区蚕桑培训中心和世界银行贷款等项目，他都竭尽全力去争取；为了写好英文申请书，他亲自起草，由他夫人李娉意同志亲自打字。他说过："我当这个院长，不能只享受院长的权利，而不尽院长的义务。"

四、出色的民间"外交家"

他知识渊博，应对敏捷，善词令，加上能操一口娴熟的纯正英语，完全具备了外交官的才能。中华人民共和国成立以来，他参加过许许多多涉外活动，在民间外交工作中做出了重要的贡献。我记忆很深的有几件事。20世纪50年代，英国前首相艾德礼来华访问路过广州，李院长参加接待。艾氏在会上提出"为什么广州的孩子面色不够红润"的问题，暗示是营养不良。李院长机敏地回答，由于南方天气热，湿度大，蚊虫较多，所以影响孩子的睡眠，面色可能与此有关。艾氏对此解答表示满意。爱国人士卫立煌夫妇回国定居前，曾于1957年来校访问，也是由李院长亲自作陪和讲解。1980年12月，世界银行评估代表团来校考察，以确定是否给予贷款。李院长亲自接待，以极其流利的英语和幽默的言词，博得满堂笑声，给外宾留下了良好的印象，我校的世行贷款项目自然获得通过。

五、我国果品贮藏保鲜学的奠基人

在美国留学期间，李院长即注意到柑橘果实的贮藏问题。中华人民共和国成立后，我国的亚热带果品，如荔枝、椪柑和香蕉等要远销苏联和东欧各国，果品的贮藏保鲜成了运输亟待解决的问题。李院长当时负责主持此项试验，他派岭南大学农学院陈长敬老师等参加试验，他们随火车从广州至满洲里。当时火车没有冷藏设备和自动测定温度、湿度的仪器。他们在车厢壁铺几层麻袋隔热，内放许多大冰条作冷源，用人工隔时测定车厢的温度、湿度和果品本身的温湿度，一天24小时值班，连干好几天，十分辛苦。此后，李院长以广阔的视野审视国际果品贮藏保鲜技术的发展趋势，首先提出在我国成立果蔬贮藏加工专业，并主编教材，积极培养人才。当我国加入世贸组织后，只有提高果蔬的贮藏保鲜水平才能提高我国农产品在国际市场的竞争力。深感他的远见卓识和超前的战略眼光。

李院长是我国著名的农业教育家、园艺学家，他对华南农业大学的建设和发展功不可没。他的英名将永垂华农史册，我们永远怀念他！

深切怀念李沛文同志

何 康[①]

沛文同志是我的学长和挚友，特别是在中华人民共和国成立初期，我们有一段难忘的交往和友谊。

1952年美帝发动侵朝战争，对我国进行经济封锁。作为工业和战略物资的天然橡胶无法进口，当时我国仅在海南岛、粤西和云南、广西有零星散布的三四万亩的胶园，年产量仅数百吨，远远不敷需要。中央决定在广州成立华南垦殖总局，组建两个师和一个兵团，以部队干部和战士为骨干，调集20万土改翻身农民为工人，在海南、广东湛江、广西建立近200个垦殖农场，由总局领导分局、垦殖所组织生产。

为进行栽培、育种及加工研究，当时又从全国，主要是从"两广"、福建、云南的院校、研究机构以及林业厅（局）调集技术科研骨干，建立橡胶研究所，并在一些院校设置垦殖训练班。

我于1952年调任中央林业部特种林业（即橡胶）司任司长，具体管理垦殖与发展工作，为此，在选研究所所址和培训技术干部方面与沛文同志有不少交往。他时任华南农学院主管教学的副院长，和党委书记杜雷同志一起从国家战略需要出发，代表学院坚定地给予大力支持，划出靠近燕塘镇的200亩地作为我们建研究所的所址，成为橡胶所安身之地，后又抽调陆大京、陈乃荣等多位教授、讲师给我们从事研究工作。

更令我难忘的是1958年，当我们的研究所决定迁移到海南岛儋县时，华南农学院大力支持我们创办华南农学院海南分院，派学院教务长李锦厚教授任海南分院副院长，并在师资、教材方面又给予大力支援。这就为我们以后建成华南热带作物研究院与大学打下了良好基础。

[①] 何康，中华人民共和国原农业部部长。

沛文同志出身高官家庭，留学美国多年，学有专精，在园艺科学，特别是柑橘等热带果树栽培、贮藏与保鲜研究方面很有建树。与他交往多年，我深感他温文尔雅、待人和蔼，毫无所谓的"权贵气势"。他逝世后，我和夫人于20世纪90年代去广州时，曾专程去公墓献花祭奠。现欣闻华南农业大学决定为李沛文同志在校园内树立塑像，这充分体现了人们对一位爱祖国、爱人民、爱科学的学者之真诚悼念。

　　沛文同志，安息吧！

2006年7月27日于北京

改革开放初期我和李沛文交往的二三事

骆世明[①]

早在20世纪60年代,我在华南农学院读本科期间,李沛文副院长慈祥的面容就经常出现在校园的各种场合。国家实行改革开放之后,我回校攻读研究生期间以及留校后一段时间内,与李沛文教授的接触多了,对他的思想和风范有了更多的了解。

1978年,我从基层回到学校读研究生,发现学校有了电子显微镜,有了人工气候箱,还有了语音室,很是兴奋。原来,这是李沛文副院长利用各种关系、克服了不少困难从国外引进的。这样的先进设备对于科研人员就像如虎添翼。学校当时的电子显微镜是广州地区最早、最好的,各个单位纷纷来借用,这对推动我校和广州地区的相关科研起到了重要作用。我在做毕业论文的时候,也使用了人工气候箱,研究水稻烂秧与生态环境的关系。气候箱可以控制温度、湿度、光照的条件,再结合土壤的酸碱度、养分水平、氧化还原电位、微生物的控制等,我终于清楚了这些生态因素对水稻烂秧的不同影响,以及这些因素之间的关系。李沛文副院长后来还积极主持世界银行贷款资金的利用,促进了测试中心的建立。在改革开放初期,硬件设备落后是制约科技水平的重要因子。李沛文教授的这些工作对学校科研发展,以及后来学校在全国地位的确立都产生了重要的作用。

改革开放之初,李沛文教授已经年过七旬了,但是他一直保持着开拓、开放的心态。他积极争取在我校建设亚太地区国际蚕桑培训中心,并亲自筹建,使之成为我国对外技术培训和教育的一个重要基地。1982年,我在美国佐治亚大学学习期间,他和庞雄飞、吴灼年老师一起访问了美

[①] 骆世明,华南农业大学原校长、教授、博士生导师。

李沛文（左）访问佐治亚大学时与骆世明（中）合影（1982年）

国，也到我当时所在的学校访问。他仔细了解了该校生态所的各类研究，与我们一起讨论了加强我校的生态学学科建设的很多问题。当时他正在研究荔枝的激素问题。他与美方研究人员探讨了利用气相色谱测定荔枝的各种激素的技术问题。由于具有早年在美国留学的经验，他用英语交流非常顺畅，谈笑风生，很自然地与美方建立了互信和友谊，打开了合作的局面。我后来听到一个故事。由于李沛文和他的夫人都懂英文，在相当长一段时间里，学校电话人工总机凡是接到听不懂的电话就转到李沛文教授的家里。我没有核实过，但是我想很可能是真实的。由于他开始的努力，荔枝激素研究有了成果，可以通过人工方法促花、保花。生态学也获得了比较大的发展，后来也成为农业部和广东省的重点学科。

1983年，我在美国的导师 Robert Todd 博士回访我校的时候，李沛文副院长邀请他到家里做客。他住的房子就是现在离退休处的两层小洋房。房子布置简朴，没有什么新家具。当时宴请客人不像现在，能够到饭店进行；当时是在家里，让饭堂厨师做了几个非常一般的菜。但是，他的真情和友谊却对后来的国际合作关系发展起到了重要的推动作用。

作为李济深的儿子，李沛文教授没有任何架子，几十年如一日，一心一意为学校的发展服务。他为人乐观豁达，交际广泛，有远见卓识。改革开放初期，他利用自己良好的对外关系和扎实的英语基础，以及敏锐的洞察力，大力推动了学校的国际合作和开放发展。这是其他人难以替代的。他与丁颖、赵善欢等学校老一辈学者及领导人一起，对学校的发展和校风的形成起到了关键的奠基作用。

2006 年 6 月 21 日

李沛文教授与广东省农业科学院果树研究所

舒肇甦[①]

我国著名的果树学专家李沛文教授，在20世纪50年代和60年代先后担任广东省农业科学院果树研究所的前身即华南农科所园艺系主任和广东省农科院柑橘研究所所长。他一生执着追求科学真理，以严谨和开拓创新的科学精神，用毕生的精力为我省的果树科学事业发展做出了重要贡献。值李沛文教授100周年诞辰之际，我们怀着万分崇敬的心情，缅怀李沛文教授在我所的光辉业绩。

一、中华人民共和国成立后的恢复创建及华南农科所园艺系时期

中华人民共和国成立后，在接收原国民政府农村部华南区推广繁殖站的基础上，成立了广东省人民政府农业厅石牌试验场，设有园艺系，李沛文教授指导和参加了果树试验。总场下属有潮汕柑橘试验场（鹳巢工作站、岛仔试验站）和新会柑橘试验站。1953年开始在潮汕进行黄龙病防治试验、疮痂及溃疡病试验。这段时期，由于缺乏技术干部，试验田也少，很多试验都与农民直接合作。

李沛文教授在恢复果树科研工作的同时，1955年下半年，他担任华南农科所筹委会副主任。

1956年4月1日，华南农科所成立，李沛文教授任副所长兼园艺系主任。省委书记陶铸同志在华南农科所成立会议上，指示李沛文教授要将80%的时间用于华南农科所[②]，在筹备和建所后至1958年，由于丁颖教授

[①] 舒肇甦，广东省农业科学院果树研究所干部。

[②] 金善宝：《中国现代农学家传》，湖南科学技术出版社1989年版。

参与负责筹建中国农科院，另一副主任张敏年长期住院，实际上由李沛文教授全面主持华南农科所工作。

李沛文教授对新成立的华南农科所寄予了殷切的期望，并加以细心呵护。他不止一次地在有关会议上说："农科所的鸡蛋，要用农学院这只母鸡去孵化，才能变成小鸡。""农科所要在农学院培养相当长的时间后，才能独立地进行研究工作。"在李沛文教授以身作则的影响下，老一辈的华南农学院教授都积极参与华南农科所的建设，并促进其健康发展，黄昌贤、林孔湘、梅英俊等老教授都积极参加园艺系的建设和进行科学实验。

当时的园艺系是白手起家。李沛文教授为了园艺系的建设，在国家农业部和省有关部门之间来回奔波。当时园艺系临时办公地点地处现大丰基地大楼的简易建筑内，广东省委办公厅于1956年下达[1956]224号文，将广州市中山果园、中山林场（现华景新城范围）划入园艺系园地，当时园艺系占地约850亩。当年年底开始筹建园艺系办公楼（该楼现为畜牧所旧办公楼），为建所打下了基础。

建系当年，李沛文教授主持制定了《华南地区1957年农业科研计划纲要》"园艺作物"部分，提出工作重点是搜集整理本区及外区的果树，特别是柑橘资源，选育优良品种，研究华南四大果品（柑橘、香蕉、荔枝、菠萝）的生物学特性，以掌握果树发育规律，寻求增产途径。在总结群众先进经验的基础上研究果树的上山栽培技术及修剪施肥方法，提高育苗技术。李沛文教授组织建立了华南重要四大果品的原始材料园并进行观察研究，对柑橘良种选育、荔枝开花习性观察、菠萝控制开花试验等都取得了初步的记录资料。当年开始的研究项目还有潮汕广四柑橘良种繁育试验、柑橘上山技术研究、柑橘黄龙病研究、柑橘溃疡病防治试验等，同时也开展柑橘秋梢生物学特性观察、沙那圭种菠萝在广州开花授粉结果习性观察、广州柑橘小黄叶蛾的研究。1957年，"柑橘选种"作为果树科研在建园后的第一个成果予以公布，其详细内容是："依靠群众在潮汕主要柑橘区选出优良的蕉柑、椪柑、雪柑等43株，7年来在潮汕柑橘试验场繁育了优良的苗木达98万株，供各国营苗圃建立母本接穗园的材料及农民栽植用。并选出比一般早熟40～60天的蕉柑品系，这对延长果期的供应起了一定的作用。鉴定结果：获得优良苗木，供应有关单位繁殖。"该项目成果被列入华南农科所第一个五年计划成果。

李沛文教授对园艺系的科研工作亲力亲为，从项目的设置、人员的组成及其职责等方面都做了详尽的安排。

二、在受到不公平对待时期

1957年年初，在副省长安平生召开的"鸣放"会议上，李沛文教授以对国家和人民的事业忠诚的赤子之心，与林孔湘、吴文辉几位老教授一起，对农业教育和科研工作中存在的问题坦率地提出了意见。在当时的政治气候下，不久，李沛文教授等就受到批判，他负责的工作也受到限制和严重干扰。1959年3月8日，他被宣布免去华南农科所副所长和园艺系系主任职务。

这段时间，果树所的前身经历由园艺系—特产系—经作系—园艺系等不同名称的机构管辖，果树科研人员也随着我国经济建设的发展和政治风云的变幻时合时分，时聚时散，科研工作的连续性没有得到保障。1959年，全系只剩一人没有被下放，由此造成试验中断，研究进展缓慢。

虽然李沛文教授受到不公平对待，不再担任华南农科所及园艺系的领导工作，但他仍然以一个科学工作者的品格兢兢业业、一丝不苟地对待党和国家以及人民的事业，并在可能的情况下充分发挥自己的积极性。

黄龙病是柑橘的癌症，从华南农科所成立开始，李沛文教授就十分重视柑橘黄龙病的防治工作，在他的提议下成立了由林孔湘等人组成的黄龙病研究课题审查小组，在连续几年的研究纲要上都设立了黄龙病防治的课题，如柑橘黄梢（黄龙）病病原的研究、柑橘黄龙病研究，主要在广州（农科所）和潮汕站（岛仔）进行试验，并多次组织专家到病区调查，李沛文、林孔湘、范怀忠、黄亮、黄权耀、裘维蕃、谢申等先后参加了调查工作。通过调查，大家基本上认为黄龙病是传染性病害，病树接穗是主要传播来源；不良的栽培习惯加剧了黄龙病的发展；建议要对黄龙病实行检疫，建立无病苗圃。1959年11月8日至14日，受中国农业科学院的委托，李沛文等在广州主持召开了柑橘黄龙病研究工作座谈会，与会代表来自广东、福建、广西三省，以及中国科学院微生所、中农院植保所、中农院果树所 15 个单位的 33 名研究人员，另邀请了防治黄龙病有经验的两位劳模出席会议。会议体现了"百家争鸣"的方针，不同观点充分阐述，经过反复论证，最后达成统一认识：①真菌菌丝可以在木质部转动，对柑橘具有侵染性，它可能是主要病源之一。②除了嫁接病原传播外，还有其他传播途径。③建立无病苗圃。④及时合理挖出病株，消灭发病中心。会议确定在广东、福建分别成立研究组。会议结束以后，新组建的广东省农科院确定要将柑橘黄龙病防治研究列入重点课题。

李沛文教授不再担任领导工作，他便将更多的时间投入到科研工作中，在 3 年自然灾害的严峻条件下，他和科技人员基本完成了广东省的果树资源调查，共调查 1274 个果树品种和 320 个野生类型，初步查清了广东省果树资源的分布，柑橘、香蕉、荔枝、沙梨原有优稀品种 117 个，新发现 79 个，发现了 60 种野生果树，一些原来只适宜在南粤栽种的树种，在粤北也有发现。发现的优稀品种有：每 500 克 6 个的海南大荔枝，每 500 克 15～20 个的大龙眼，每个重量超过 500 克的大芒果，以及四季荔枝、山竹子、面包果、石栗、无核番石榴等。果树高产栽培技术的基点也初见成效，柑橘 3 年树亩产 1500～2000 斤，香蕉植后第二年亩产 13000 斤。他和科技人员在克服柑橘、荔枝大小年的栽培试验中采取了树冠管理、根系发育、施肥方法、保花保果等措施，并加强了对柑橘黄龙病、荔枝椿象为重点的果树病虫害的防治研究。

李沛文教授在下放期间和生产劳动中与广大生产者密切联系，发现和培育了一些土专家：柑橘栽培的有普宁的黄美源、黄永久，黄龙病防治的有潮阳的郑三龙，香蕉种植的有东莞麻涌的曾钜伟，荔枝丰产栽培的有宝安的陈九良。李沛文教授建议农科所邀请土专家到广州开座谈会，科技人员总结整理了土专家的经验，在不同范围宣传推广他们的经验。

20 世纪 60 年代初期，广东省有关部门筹备建立号称"亚洲第一柑橘场"的杨村华侨柑橘场。李沛文教授主动向当时负责筹建工作的老干部关山（原广东省民政厅厅长，因"地方主义"和"右派"被降职处理）和老红军干部周辉提出建场方案，在方案中将防治黄龙病作为新场建设的重点。当时，关、周两位老同志接纳了李沛文教授的意见并认真贯彻，从杨村柑橘场建场至 20 世纪 80 年代初期，杨村柑橘场有效控制了黄龙病，柑橘生产得到快速地发展。

三、初展宏图的 20 世纪 60 年代

经过 3 年经济困难时期的磨难，党中央提出"调整、巩固、充实、提高"的工作方针。1961 年下半年，国家科委党组、中科院党组颁布了《自然科学研究机构当前工作十四条》（以下简称《十四条》），给科技界送来阵阵暖风。为了加强新成立的农科院的领导力量，广东省农业厅厅长朱荣同志兼任农科院院长、分党组书记。朱荣同志到任后，坚决贯彻《十四条》，对历次政治运动处理不当的问题进行了甄别和平反，特别是对刘仕贤同志的"白专典型"的平反，激发了广大科技工作人员的工作积极性。随后，李沛文教授被任命为广东省农业科学院副院长，主持了国家 10 年科学规划中重大农业专题（样板项目）的子专题：柑橘类果树品种选育的研究（着重抗黄龙病、抗寒及适于加工用品种）[专 2-069（重 7）-03]，菠萝、香蕉、荔枝、龙眼、枇杷品种选育研究 [专 2-069（重 7）-06]。

为了给广东果树科研发展制订规划，李沛文教授领导并具体组织果树科研人员认真总结和整理了近年广东果树科研取得的进展，基本摸清了广东省的果树资源；初步整理鉴定了华南地区菠萝地方品种有 22 个，可分为"无刺卡因""神湾""菲律宾"和"土种"四大类；葡萄引种初步成功；提出菠萝挖顶法，使果子戴冠美观，达到出口规格；初步探明了柑橘果实发充的具体时间；摸清了荔枝椿象的分布、迁移习性及其防治；组织了杨村农场无黄龙病柑园经验总结；针对菠萝选育种，选出单株 26 个，其中有"57-236"；培育了香蕉双株植；关于番木瓜研究，选出优良单株 11 株。

李沛文教授总结了中华人民共和国成立以来果树科研发展的经验，向广东省人民政府和广东省科委献计献策，提出为促进四大果树的恢复和发展，应加强农科技术的研究。在 7 年内，应着重解决柑橘黄龙病的防治问题；恢复老果园，扩建新果园。前 5 年提出黄龙病诊断方法，明确发病规

律与传播途径，并初步探明生态环境与发病的关系，提出栽培防病的一些措施，鉴定选出优良抗病品种及母株，培育出标准、健康的无病苗供生产应用。后5年培育出抗黄龙病品质优良的品种、株心苗及抗病砧木品种；提出一套选地、深耕、培肥、造防护林、设置排灌系统的新柑园技术。关于菠萝，前5年着重研究选种，为建立良种繁育基地和制度创造条件，解决老园更新和新园垦殖技术；后5年着重选育出高产、优质、果形美观、符合规格的新品种。关于香蕉，前5年着重选育留芽技术研究，同时进行引种和品种比较工作；后5年选出抗倒、丰产、优质、耐贮藏的品种，同时研究花芽分化与外界条件的关系。关于荔枝，前5年摸清枝梢生长与结果规律，为研究克服大小年现象打基础，研究加速繁育的方法，为开展新园创造条件；后5年提出克服大小年现象的技术措施。李沛文教授的上述意见后来被写入广东省政府和省科委编写的《广东农科研究发展规划纲要（1963—1972）》的"果树部分"。

为了满足科研用地，李沛文教授提出了垦殖花鸟岗、罗通山等新园区的建议。

随着全国和广东省的经济建设发展，为了加强对水果生产的领导，加大科研力度，促进生产发展，广东省科委于1963年4月9日决定，成立广东省水果委员会，由副省长罗天任水果委员会主任，李沛文教授为委员；广东省农业科学研究院设置柑橘研究所、水果研究所（以下简称"两所"）。在4月下旬的全省水果生产工作会议上，陶铸书记亲自委任李沛文教授兼任柑橘研究所主任。1963年计字［203］号文，聘任李沛文为广东省农科院学术委员会副主任委员，省人委农林水办公室和省编委拟将柑橘研究所设在博罗县杨村柑橘场，水果研究所设在广州白云山。当时，牌挂两个，但柑橘所和水果所是合署办公，实际上，"两所"主要是在省农科院原园艺系大丰果树科研基地运作。

李沛文教授多次积极地向省委和陶铸书记汇报"两所"的发展规划并积极争取经费。省委和陶铸书记十分重视他的意见，指示省里的有关部门为"两所"的建立大开绿灯，省人委农林水办公室协同省编委，在当时编制很紧的情况下，从省增加专区和县农科所的编制中收回30个名额给予

"两所"；省计委和省财厅在1963年度经费中专拨"两所"的经费；省计委1963年当年专项拨款（46800元）建网室和田间工作室，1964年年度拨款214500元用作果树所的果园水利基本建设。

1963—1964年的农田基本建设和水利基本建设为当年全院之最。果树所的工作成果如下：计开荒改土160.5亩，修建道路8条共4220米，新建道路4条共1300米，挖水塘面积50亩，蓄水量9万立方米，吸水工程8寸管900米，果园排灌系统8寸管700米，4寸管1000米，种下苗木12220株。在院机运队专项安排拖拉机1部，卡车1部，设备投资约10万元。

1964年年底，"两所"从人员配备及科研设施都具备了全面开展工作的基本条件。

虽然李沛文教授身兼华南农学院、广东农科院及广东省柑橘研究所的领导职务，但他仍积极主持和参加科研工作。他主持参加的课题有以下几项。

（1）四会、化州、潮汕柑橘选种研究（全国课题广东部分）。①鉴定选择丰产、品质优良、不同成熟期的四会柑、香水橙、新会甜橙、柳橙、化州橙、蕉柑、雪柑、椪柑等无黄龙病或抗黄龙病蕉柑母树。②通过指示植物接种鉴定无黄龙病或抗病植株。③选种树的生物学特性、植物学特征及抗逆性研究。④研究最优良单株产量品质树和抗性等遗传性及其与外界条件的相关性。⑤通过对比研究母本与子树的性状及其同砧木自然条件与栽培条件的植株进行对比，进一步研究选种树的遗传性。

（2）四川、浙江柑橘品种引种研究（全国课题广东部分）。①四川、浙江等省鹅蛋柑、椪柑等优良品种的抗逆性、生物学特性、植物学特征、栽培历史与栽培技术及环境条件的调查。②通过调查，选定一批优良母树进行植物学特征和生物学特性的研究。③引进种植一批材料作为引种原始材料，进一步研究母树与子树的性状以及在广东省栽培的条件下优良单株的遗传性。④提供广东省一批无黄龙病苗木和接穗作为繁殖材料。

（3）柑橘上山研究（全国课题广东部分）。①总结柑橘上山经验，进行博罗杨村农场、潮汕区普宁县葵潭农场、岛仔农场、粤西大平场的柑橘上山成败经验总结。②粤西红壤丘陵地化州橙栽培幼树土壤管理技术研究。

（4）柑橘无病苗木培育研究（全国课题广东部分）。①无病母树的选择（由柑橘选种部分提供材料）。②无病母树的鉴定。③无病苗木的培育。④无病柑园的建立。

自1966年"文化大革命"开始至李沛文教授逝世（1985年），他没有在广东省农业科学院及果树所担任职务，但他仍然主持和参加果树所的一些研究课题，一如既往地关心和支持广东果树事业，真心实意、力尽所能地促进果树所的发展壮大。

博罗杨村华侨柑橘场是我国柑橘的重要生产基地和研究试验基地。1966—1972年间，李沛文教授与吴绍彝、黄淑蓉、黄志文、邹南荪、曾壮图、林运略、甘廉生等老一辈柑橘科技工作者共同努力，建立和巩固了农场柑橘研究所。从基本建设到实验的设计、数据调查；从开园育苗到柑橘贮藏库的管理，处处都留下了李沛文教授的汗水。杨村柑橘场的科研工作重点紧紧围绕着栽培技术的创新和黄龙病的防治。为了使黄龙病的防治工作得以延续，李沛文教授四处奔走，利用各种资源，在1968年年底争取到了23000元，使杨村柑橘场建起了当时颇具规模的网室，保证了黄龙病防治研究的开展。

李沛文教授参加并指导了粤东普宁市的柑橘上山工作以及连县的柑橘基地建设。在阳春县进行黄龙病柑橘优质母株选种活动中，他与当地柑橘科技人员复选出马水橘的优良单株，并繁殖了一批无病苗木，建立了3个共600多亩的马水橘园。在以李沛文教授为代表的果树科技人员的共同努力下，广东省于1971年年底召开全省柑橘生产经验交流会。会后，在有关部门的支持下，由当时的珠江电影制片厂拍摄并在全国放映了《柑橘上山》这一专题片。在十年"文革"期间，广东省柑橘产业和科研没有停滞不前，而有一定的进展，并为20世纪80—90年代广东省柑橘大发展打下了基础，这是与以李沛文教授为代表的广东省果树科技人员的不懈努力分不开的。

1982年，广东省农科院果树研究所在中意合作项目中获得立项。李沛文教授得知后十分高兴，他多次对当时的项目负责人吴绍彝研究员说，要抓住机遇，促进果树所大发展，促进广东果树大发展。他建议，在项目实施中，要人才建设和硬件建设一齐抓。当时果树所的仪器设备十分落后，李沛文教授安排罗汝南、梁立峰等教师给项目工作人员介绍有关仪器设备的使用和配置情况，帮助建立项目协议书及仪器设备清单。瑞士和美国的ICP（等离子耦合发射分光光度计）和自动定氮仪技术人员两次到果树所开讲座。由于当时果树所外语人才较缺，李沛文教授得知后就主动热情地安排其夫人到果树所做现场翻译，并于讲座后邀请外国技术人员到他家详细了解信息，并将他的个人意见告诉项目办公室人员。果树所在实施中意合作项目的进程中，不仅引进了近130万美元的仪器设备，而且有9名中青年科技人员同一批次赴意培训进修。这是广东省农科院建院以来单批次赴外进修人数和时间最长的一次。该项目的实施，大大促进了广东省农业科学院果树研究所的发展和广东省果业的发展。

　　回顾李沛文教授在广东省农业科学院果树研究所的日日月月，他将个人命运与我国的果树产业发展和果树科技进步紧密地联系在一起。他热爱祖国、热爱人民，科学报国，不计较个人名利，终生拼搏，奋斗不息。李沛文教授为我国和果树事业做了许多奠基和开创性的工作，他的光辉业绩和严谨、开拓、创新的科学精神永远铭记在我们的心中。

薪火相传 继往开来
——纪念李沛文教授 100 周年诞辰

陈维信 ①

2006 年 10 月 18 日是我国果蔬贮藏加工学科研究和教育先驱之一李沛文教授 100 周年诞辰纪念日，我们怀着万分崇敬的心情缅怀李沛文教授一生科研、教学的光辉业绩，纪念李沛文教授对果蔬贮藏加工学科和果蔬贮藏保鲜实验室建设与发展做出的杰出贡献。

一、饮水思源，岁月永远记载着李沛文教授杰出的贡献

广东省果蔬保鲜重点实验室是由广东省科技厅和广州市科技局联合共建的重点实验室，依托单位是华南农业大学园艺学院采后科学与技术系。实验室建设经费 800 万元，设有采后生理生化研究室、采后病理研究室、采后分子生物学研究室、保鲜新技术研究室。实验室拥有国内一流的果蔬保鲜研究仪器设备。饮水思源，没有李沛文教授等老一辈学者辛勤工作几十年打下的良好基础，就不可能有重点实验室的今天。李沛文教授虽然离开我们了，但他对学科的建设和发展功不可没，他的精神永远鼓舞和激励我们前进，岁月永远记载着李沛文教授等老一辈学者的贡献。在设备先进而且崭新的实验室内，摆放了一张结实的旧办公桌，上面写着"李沛文先生曾用办公桌"的字样，以纪念李沛文先生对学科发展所做出的重要贡献。

二、理论联系实际的学术思想指引学科发展

李沛文教授治学严谨，基础深厚，学术造诣很高，视野开阔，意识超前。他不但十分重视基础研究，而且很重视理论研究与实际的紧密联系，注重把研究成果用于生产，解决生产上存在的问题。几十年来，李沛文教

---

① 陈维信，广东省果蔬保鲜重点实验室主任教授、博士生导师。

授的理论与实践紧密结合的学术思想一直在指引我们的工作。例如，荔枝采后极容易变褐变质，严重制约了荔枝的出口与内销。针对生产上存在的问题，实验室研究人员在理论上深入研究荔枝采后生理和病理的变化规律，揭示荔枝变褐变质的机理，以理论上的成果作为依据，经过多年的摸索和研究，与企业合作，成功地把保鲜荔枝出口到美国、加拿大和欧洲等地。香蕉在采后的贮运过程中很容易成熟和腐烂，因此香蕉保鲜是香蕉产业上迫切需要解决的问题。实验室研究人员从香蕉的采后生理、采后抗病机理和采后分子生物学等方面多角度、多层次系统研究了香蕉的成熟、衰老和腐烂的机理，研究出一套香蕉贮运保鲜的配套技术，并与企业合作，成功地大规模地把香蕉北运到新疆、西北等地区和出口日本，创立了国内一流的"大唐香蕉"品牌。

三、丰硕成果告慰大师在天之灵

"果蔬采后处理及贮运保鲜工程技术研究与开发利用"项目获2001年度国家科技进步二等奖

多年来，实验室全体研究人员努力践行李沛文先生理论研究与实践紧密结合的思想。广东省果蔬保鲜重点实验室成立后，仪器设备条件明显改善，研究水平显著提高。实验室全体人员经过多年的努力，勇于探索，不断创新，在科研和教学上取得了一批重要成果。近年来，实验室承担了国家攻关、国家自然科学基金和省部级等有关果蔬保鲜研究课题约50项，获得了国家科技进步二等奖、农业部"丰收奖"一等奖、广东省科技进步二等奖两项和三等奖一项等科技奖励；在教学上获得了广东省优秀教学成果二等奖，被评为广东省精品课程；发表了100多篇（部）论文、教材和专著，其中部分被 SCI、ISTP、EI 三大索引收录；申请了果蔬保鲜发明专利 10 项。这些成果可以告慰大师的在天之灵，当年由李沛文先生创立的果蔬贮藏学科，今天又有了很大的进步和发展。

四、薪火相传，继往开来

学科和实验室的建设和发展，不但要有很好的学术传统，而且需要一代代的师生来传承。实验室经过几代人的努力，现已形成了一支以博士研究生为主的中青年学术队伍，他们曾在美国、日本、以色列、丹麦、泰国合作从事科研或留学，在国内著名的实验室进修。近年来，实验室培养了 60 多位博士研究生和硕士研究生，这些研究生是实验室的生力军。在纪念李沛文教授 100 周年诞辰之际，实验室全体师生将继续努力进取，开拓创新，弘扬前辈的科学精神和光荣传统，薪火相传，继往开来，不断争取新的成果。这正是纪念李沛文教授的意义所在。

以下是广东省果蔬保鲜重点实验室近年发展的成果展示。

采后分子生物学实验室

果硬度计

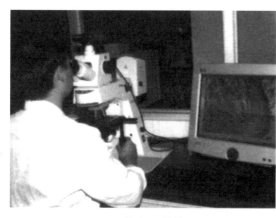
荧光显微镜

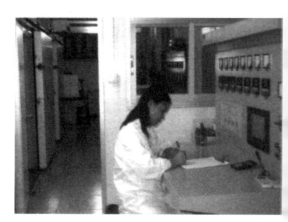
全自动控制果蔬保鲜试验冷库

恒温试验箱

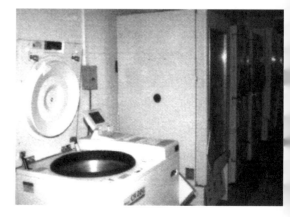
低温高速离心机

水果全自动分级打蜡生产线

实验室研究团队

实验室近年培养了 70 多位博士研究生和硕士研究生

怀念恩师李沛文院长

陈长敬[①]

1939年，我有幸考进岭南大学（以下简称"岭大"）园艺系。当时中国正遭受日本侵略，沿海各省先后惨遭劫掠。广州沦陷之后，岭大商借香港大学部分教室复课，沛文院长讲授的都是三、四年级课程，一、二年级学生很少见到他。我第一次与他会面是基于一个特殊原因。当年入学时，大学颁给我一笔颇为丰厚的助学金。有一天，院长约我去会见该助学金的赞助人郑雨泉先生。我事前小心翼翼，因为将要面对的是一位身居要职的大学院长，心想他必是高不可攀，严肃且不易讨好的人。但在那短短一个多小时的相见中，我发现他竟是一位谦逊和蔼的长者。

香港沦陷后，我跋涉辗转到达粤北坪石的岭大农学院，与其他许多已经在那里上课的同学继续学业。抗战期间，物资匮乏，我们建在山冈上的校舍，都是用易于就地取材的物料建成。全体师生都是离乡背井的人，男女学生皆在校中住宿，生活虽然简朴，但一同朝夕相处，有说有笑，是一段很值得缅怀的岁月。李院长很关心学生的生活，要他们保持良好校风。授课时，他的讲解都非常明晰。他教学严谨，所有科目的上课和考试都恪守规定，绝不马虎。所以，在那段时间，我们掌握了很扎实的专业知识，为以后准备留学深造的学子打下了坚实的基础。先生处事待人以身作则，以德服人，从未见过他厉言责备门生或下属。记得有一次，一位同学从校外借到了一台留声机和好些唱片，他灵机一动，邀请了二三十位静极思动的男女同学，在大饭厅办了一次舞会。大家在乐声中双双起舞，甚为高兴，不自觉地很快就过了应该熄灯就寝的时候。夜深时，山冈上的灯光和乐声格外引人注意。李院长知道了，亲自到饭厅，站在一个显眼的地

---

① 陈长敬，原华南农学院俄语教研室主任，现定居美国夏威夷。

方,脸上带着愠色。大家知道事态不妙,舞不跳了,乐声亦停止了,像犯了错误等候父亲打屁股的孩童一样,悄悄地站在两旁,全堂哑寂无声。须臾间,院长以低慢的口气说:"同学们,我们的国家正处在多难的时候,无数同胞流离失所。现在夜深了,你们这样做,合适吗?"短短的几句话,不能不使所有的听者折服!说后,他就走了,男女同学亦自知理屈地回宿舍去。沛文老师爱护晚辈,凡事说理,不轻易谴责,故师生间建立了深厚的情谊。后来我担任他的助教年间,他总是以和颜悦色相待。纵使属下工作上偶尔有缺失,他亦只用鼓励的话去安慰他们。这就是为什么在30余年之后,国家刚改革开放时,他无论到香港或远至美国,都得到昔日门生热情的欢迎。他急学院所急。例如,当年国内专业院校少有的设备完整的语言教学器材,费用庞大,但政府当时尚未有财力供应,亦有砰石时代校友甘心捐献,使先生得其所愿。先生泽及后辈,识者景仰!

1956年,由于某些极其无奈的缘故,本人决定离开服务多年的农学院,浪迹海外,后来在美国宾州州立大学(Pennsylvania State University)任教授之职。中美建交后,先生应美国方面邀请,于1981年到宾州州立大做学术交流访问。分别25年,因深惜他有"海外关系"之灾,未敢与先生联系。先生访美期间,我因工作忙碌,到先生离开大学的前一晚,我才能邀他到舍下同住。世事沧桑,其时他老人家已满头白发,明知他有过诸多的辛酸和委屈,但他无悔无怨。翌晨,请他到餐店吃一顿美式早餐后,我亲自驾车送他到飞机场,目送这位可敬的老师踏上前往首都华盛顿的飞机。我依依不舍地望着他慈祥的背影,默默祷祝他能安享晚年的康寿和幸福!

2005年11月8日于美国夏威夷

怀念恩师李沛文院长

颜坚莹[①]

李院长是愚夫何宪章的恩师。

1933年，何宪章进入岭南大学农学院，因经济困难停学工作一年，复学后于1938年毕业。李院长对他循循善诱，激励了他再接再厉、发愤图强的信心。

1943年，宪章考取公费留学，获得国际农业机械公司3年留美奖学金，定于5月中旬出发，同时也收到美国宾州州立大学农学院发出的留美进修一年的通知。宪章在惊喜之余也感到非常遗憾，未能接受宾州州立大学农学院的邀请，同时也深深感谢母校与李院长的眷爱培养之恩。

1947年，本人赴美与宪章相聚，随后进入研究院攻读人事与工业管理，1951年毕业，宪章也同时取得机械工程硕士学位。因当时适逢抗美援朝，我俩稽留在美，宪章担任研究工程师。1956年，我们响应号召，回祖国服务，蒙国务院派送到各地参观了解祖国的建设情况。宪章颇有意接受长春力学研究所或清华大学职位，但是因我生病体弱，不能忍受北方严寒天气，两人正在彷徨无策之际，幸得李院长和广东省农科院院长丁颖函邀到南方，及时解决了我们的困境。

我俩抵达广州后，宪章被安排就职于农科院的农机组，我则如愿到农学院图书馆工作。因为当时农机组未建好宿舍，李院长不辞劳苦，安排我俩住在农学院教授住宅区，那里环境舒适、生活方便。

随后，农科院拨出部分场地，农学院提供人力资源，于1958年成立了广东省农业机械研究所，宪章担任副总工程师。他感激两位领导的策划支持，欣然与副所长高虎如同心协力努力创业。

---

① 颜坚莹，原华南农学院图书馆馆长。

我在农学院图书馆担任副馆长职务,并负责管理期刊资料。李院长亲自授意图书馆关心协助年轻教师检索中外文献资料,以提高他们的教学与科研水平,从此,图书馆开辟了教师阅览室,增加晚上开放时间。我朝夕与教师们相处,乐此不疲;后来,华农图书馆被选为省先进单位,我也被评为省"三八红旗手"。这一切荣誉皆来自李院长的教导。

我们永远铭记李院长给我们的教导,感激他给予我们的支持,使我们回到祖国怀抱,享受安居乐业的温馨!

2006 年 7 月 14 日于加拿大

在省政协餐厅,何宪章(右一)站立向李院长(左一)、李娉意(右二)老师敬酒的留影

深厚的友谊

胡秀英[①]

张教授陪我们走到校门外,指示我们如何坐公共汽车回人民大厦,车票每位9分。原来申请时所给的机关和人氏名单,只有安排参观中山大学及华南植物研究所,但在广州的老师和老朋友、旅行社都没有联系。静熙和我决意充分利用我们的时间做冒险性的尝试!

事前我已给陈心陶老师写信,希望回广州时能去拜会他。因为旅行社没有安排,我们打电话到中山医学院找陈老师时,得到的答案是:"你们是哪个单位的?""旅行社。""你必须由旅行社来接洽!"旅行社的人我们无法找到,只有在失望中去摸索希望!我们先把回香港的车票改期提前几天,以免做无益的逗留,然后打听中山医学院的地址,决意乘公共汽车去中山三路寻找中山医学院寄生虫学系的陈心陶博士,结果我们换了一次车,行了好远路,在街上遇见很多善意指点我们的人,终于找到中山医学院关着的大门。门卫的老人很客气,指点着我们签了会客单。我们拿着这会客单,自由地在院内通行,转弯抹角,且走且停,最后找到寄生虫学系,却没有人。我们胆胆怯怯地上了楼梯,在二楼找到一个人,说明来意后,他就带着我们上了三楼,我们停在楼梯口,他去找了陈老师来。

陈心陶博士原在哈佛大学医学院研究寄生虫学及细菌学,学成归国后,在岭南大学生物学系任教并担任系主任等职,近数十年来在消灭血吸虫病方面成就卓著。作为领队的元帅,他下到田间与人民同甘共苦,被认为是又专又红的科学家。这次一见面,他便说:"我估计这几天你会来看我!"他带我们到他的研究室,我们坐下之后问了很多有关他学生情况的

[①] 胡秀英,华南农业大学客座教授,美国哈佛大学安诺树木园荣休高级研究员,香港中文大学荣誉教授,国际著名植物学家,李沛文夫妇密友。

问题，等到我有机会问岭南同学师友的情形时，时间已不早了。我第一个提出的名字就是好友李娉意。他说："你想见她么？"我开心地回答："当然！"他立刻拿起电话和娉意通了话，然后对我说："娉意在农林学院汽车站等你。"并且告诉我们坐车和转车去石牌的地点与站牌。

22路公共汽车的人渐渐稀少，到了石牌只有我们两人下车，温和怡人的娉意和她落落大方的丈夫李沛文院长站在路旁等我们。38年的离别岁月立刻在我们当中消失，我们亲切如在岭南的岁月！在性格上他们一点也没有变，但作风与以前不同了，服装平民化了！他们身着不太合身的灰布衣服，脚穿露着指头的塑料鞋；这比起40年前西装笔挺、绸衫旖娜的一对岭南人来，真是天壤之别。由车站走到他们的住宅，路途崎岖漫长，我们且行且谈。娉意说："现在我什么都会做了，会锄草、会种田、会插秧，我样样都学了！"我们走到该校教职员住宅区，沛文指着36号说："这是我们住的地方，这些房子的建筑、式样同间数都一样。不过，学校特别照顾我们，这座只我们一家人住，而其余的都是两三家人同住。"

我们坐在客厅里寒暄。地方颇小，家具很拥挤，有张柚木的方桌和几把椅子，靠墙有一架旧钢琴和装满了书的玻璃门书橱。娉意留我们吃饭，我们也不客气地接受了她的热情。桌上摆了6双筷子，6个饭碗，一盘刚开的罐头午餐肉，半条去了尾部的鲫鱼，一盘炒菜豆，一盘白菜。很显然，罐头是为我们而开的。自从离开祖国29年，这是我第一次吃一餐家常便饭。对我来说，它的滋味胜过北京饭店的佳肴，它所代表的情谊更丰富，意义更深长！桌上共有6个大人和1个婴儿。娉意的儿子正从广西来开会住在家中。由于儿子经常住在母亲家里，孙子尚小，所以娉意请了一个保姆帮忙。吃饭的时候，我们都用筷子和碗，唯独沛文把一碗饭倒在一个白搪瓷的铁钵里，加上点蔬菜，用一个长柄不锈钢的勺子吃饭。我问他为何这样吃法，他说这样吃惯了，在家里或在外面都很方便，若有伤风或别的不舒服，也免得传染给别人。当晚，沛文安排农学院的车子送我们回广州人民大厦，并且预订我们再延长1天居留的日子，以便去参观广东植物园。

第二天8点钟，静熙去车站改了返香港的车票。10点钟，娉意、沛

深厚的友谊

胡秀英（右一）与李沛文夫妇

文带着小孙子来到我们住的旅馆。我们一行先到华南植物研究所。这个研究所是1927年陈焕镛教授和蒋瑛先生创建的，专以两广及海南岛植物的研究为原则，当时是中山大学的一部分，由中山大学的定期季刊专门报告研究心得，闻名全球。当天蒋瑛教授去了从化，我们只到他工作的地方转了一趟，然后又开车到了植物园。据说，这里有全球60余个国家交换引种的植物3000余种。植物园的面积共1200亩，已垦殖的有200亩，其余的尚为自然保护区。此外，在肇庆的鼎湖山还有热带自然林4000亩。我们限于时间，仅参观了兰圃和药圃。事后，沛文、娉意带我们到一家饭店。我们经过一间有许多桌椅、人声嘈杂的大食堂，进到一个古色古香的小院。这一间很安静的屋子里有3张桌子。司机和我们同桌，吃了一餐地道的粤菜。饭后，我们到了山明水秀、游人稀少的越秀公园。最后，我们到了友谊商店，我希望可以买几盒奶粉给小孩子。门口的警卫要检查我的护照，看了之后，不合格，它上面必须有点别的印记才能进入友谊商店。我很失望，转到南方大厦百货商店，没有奶粉，就买了点糖食。

广州和40年前我印象中的城市完全不同了！那时我初从北方来，看见广州处处和徐州、南京有别，它极其丰裕繁荣，洋货、绸缎、家私、象牙雕刻、樟木箱、瓷器、玩具、凉席，条条街不同，五光十色，处处人满。街上买菜的长辫成年姑娘，手提竹篮，脚踏木屐，走起路来有特别的风度和声音，虽然为人打工，但有自强自立的气度。现在这些都不见了！街上买菜的行人稀少，看见的几个，只是手中提着卤水草扎着的一束豆角或茄子；拿着少量鱼肉的，几乎见不到！从前珠江岸边的艇家人，现在都住了砖房；从前小艇渡人或货物的景象，也没有了。

　　八月九日晴早晨，人民大厦望珠江。

　　珠江水黄滚滚流，小艇载货船后头。

　　内航客船两三层，穗交七号像双舟。

　　大小船只样式多，大型机动中被拖。

　　小艇手划好自在，各尽职责不蹉跎。

（本文摘自胡秀英《祖国风光》）

回忆 50 年前

郁隽民[①]

波涛汹涌的大西洋海浪冲击着沙滩。这几天想着写回忆文章，我的思绪就像这海浪般起伏，久久无法平静。

1942 年我从上海中西女中毕业。我父亲曾留学日本，后来不止一次地在威逼利诱下拒绝当汉奸，1939 年年底终于在家门口遭暗杀。国耻和家仇使我感到应该离开沦陷的上海，去内地念大学。念什么呢？中国以农立国，就念农救国吧。当时为了不给家里添负担，我复信给在美国留学的哥哥说，我不想去美国。

母亲考虑到我和妹妹没离开过家，所以拜托了舞台艺术家苏石风和电影导演蔡楚生的弟弟蔡鲁生带我们去广西。上路不久，小我 1 岁的妹妹怡民就开始哭鼻子了。我比她强些。当时姐姐郁风和一批文化人已经从沦陷的香港撤退到了桂林。她和画家叶浅予、舞蹈家戴爱莲、漫画家丁聪等人合租了榕荫路上一栋不中不西的楼房。最有意思的是戴爱莲。她是生长在美国又在英国学舞蹈的华侨，因为读了美国记者斯诺的《西行漫记》，便执意抛弃一切要去中国的解放区。谁知，到香港遇上了叶浅予，俩人便在宋庆龄的寓所里结了婚。我们到榕荫路后，怡民一说起很快要独自去个陌生地方上学，就止不住地掉眼泪。我心里也不是不乱。戴爱莲那时候连中国话都不会说。她摇晃着脑袋，盯住我和怡民，连连地笑话我们说："So soft, so soft！"

姐姐为了我和怡民，很费苦心。8 月里，她带我到李济深公馆，将我托付给李沛文院长。当时岭南大学招考已毕，好在抗战时期可以灵活，院长取出试卷，就在客厅里考试，还问了我好多问题。他最后说录取了，并

[①] 郁隽民，郁达夫的侄女，《中国日报》资深高级编辑，原岭南大学学生。

就此充当起我的保护人。

　　姐姐亲自送我入校。最深刻的一个记忆是，我们走在田野里，她穿一身驼色的衣裙说："送你进学校后，我不能久待。别想家，要学会独立生活。我还有要紧事，要去曲江打听小廖（承志）被捕后的下落。"我的情绪又开始乱了，有一点恐惧感和神秘感，更强烈的感觉则是茫然。回想起来，这一点也不奇怪。本来嘛，我的两年小学和中学都是在教会学校，对西方古典音乐和小说的爱好，受好莱坞电影的熏陶，家庭里或隐或现的诗画礼仪传统，再加上从姐姐那里受到的一点点新文艺的影响，又从来没独立过闯过社会……我脑子里简直是一盘不生不熟的大杂烩。没有定型的人生观，但觉得前途是个大问号，说得清楚的只有恨日本的侵略，恨政府的对外软弱、对内不民主，恨大官们的腐化和特权。

　　我离开城市来到坪石，好似"返璞归真"了。住进小山坡上一排排鹅黄色的泥屋里。第一次穿木屐，用小木桶里的水冲凉；第一次吃芋角、鸡子饼和萝卜丝糕。我感觉新鲜得很。出乎意料的是，生活也并不很枯燥。开学后的迎新晚会上，我代表新生致辞，因为不会广东话，就用了英语。之后，林孔湘教授非常活跃地教大家跳广场舞。他边跳边不停地喊："Now promenade, and swing your partner!" 女生宿舍里，高年级学生像大姐姐般和蔼。关大璋出出进进地老爱披件毛衣在肩膀上。李智常斜躺在床上，一双手托着面颊说："来，honey，坐下，唱 When I Grow Too Old to Dream。"王惠贞永远是个"欢乐女神"。她人还没有进屋来，声音已经飘进来了。皮肤棕黑、两眼又深又大的 Pegg 说："外江女，来教我讲官话！"我也爱接近略通江浙口音的何博爱。当听见大家叫她"博博"时，我莫名其妙地想起老北京人喜欢的硬面饽饽。

　　冼子昌和老洪钧在露天地烧的番茄烤鸡，那味道好得没法形容。我当时真大吃一惊："这些广东男孩子怎么这样会做饭？"阿昌和我、老洪钧和他的女友何庆华，4个人一起步行去中山大学的师范学院。两个男同学是带着小提琴去马思聪那里上课的。走在那黄土壤衬托着的青翠山冈上，我初次那么真切地去倾听如海潮般的松涛，去领会大自然的神韵。松涛是城里人再也听不到的了。有多少次在坪石，老洪钧和阿昌的琴声随清风入耳而来，这里真是远离战火的世外桃源啊！有一次，在中山大学举行的月光下的音乐晚会上，听众如痴如醉，静静地欣赏管夫人的女高音歌喉，唱那有点凄凉的"玫瑰花，玫瑰花，常开在碧兰杆下……"我们当然也倾听过马思聪的独奏，那永远是王慕理精心伴奏的。在马家，我和主人夫妇谈起桂林的那帮文化人。那时候，谁能预料到20多年后，马思聪竟会在"文化大革命"中逃亡国外，再也回不来呢！

那么，生活里就没有一点苦恼了？不是。头一天进课室，一丝一毫也听不懂老师们的广东话。压力太大了！课后去院长家急得真哭出来了。有一小段时间，院长不得不自己在灯下用国语帮我补课，指定中英文参考书。为感激他的帮助，我要了张白纸、笔和剪刀，在他的方桌上当场做了灯罩，免得煤油灯火刺他眼睛。他看着我用墨在灯罩边缘上画图案说："你应该跟你姐姐去学画画。"我虽然没有按老师所说的去学，但后来还是编译英语报刊、写美术评论文章等。到今天，这也算是我的一项专业了。写到这里，整整半个世纪前李院长的话还犹如在耳边。

有几个星期天，李院长带我摆渡到对岸的培联中学去做礼拜，也爬过傲视武江的金鸡岭。我问过院长国家大事，比如他的父亲李济深，桂系和蒋介石之间的矛盾，等等。我告诉他，我姐姐去曲江是打听廖承志的下落。我还骂过政府镇压共产党的不民主。他轻声警告说："你在我这里说说可以，到外边千万说不得，要杀头的噢！"其实，我那时对共产党也并不真正地理解，仅仅因为姐姐参加救亡运动，又因为她的关系，从德国回来的乔冠华和别的共产党人去过我们在上海的家。家里还老挂着廖承志的母亲何香凝书赠我父亲的国画。这样，我就把"有才之士"和"共产党"紧紧地联系在一起了。我的"逻辑"非常简单：谁反对专制、反对不民主者，就必定是能实行民主的了。补课或者吃饭前后，院长还谈岭南的历史、农学院的成就和有哪些专家教授等。有一次，他谈到他在美国留学时两个最亲密的朋友，马保之和程世抚。3年后，程世抚教授在金陵大学造园专业指导我做毕业论文。20世纪70年代末，我重返北京，其后听说程老师在首都，曾几次去探望他。但那时候程老师已经半身不遂了。

在坪石读完一个学期，我回到桂林度寒假。姐姐请李院长夫妇来榕荫路玩，请他们吃了上海风味的炒年糕，还出去照了相。

现在回忆新入大学那一年，真是太幸运了。在那山林野趣环绕的坪石，物质生活虽然艰苦，大家脑子里又老是有战争那个阴影，却好似因而相依为命，师长和同学互相关心爱护，人情是那么纯真。何况前方将士在浴血抗战，我们在后方享有学校努力创造的学习条件，还有什么好说的呢？

1949年以来，我们经历了一个接一个的政治运动，都是要求知识分子彻底批判旧生活、旧经历、旧思想。到了史无前例的"文化大革命"，我正好在东北的一所大学里教书。上面命令大家批判17年教育阵地上的"黑线专政"。我失去了自由，在"牛棚"里被禁闭了1年多。在"牛棚"里，我想到过坪石，那段遥远的过去。相比之下，它怎么竟然显得如此的纯净而安详！也许时间真的具有宇宙间的灵气，有时候它真能为历史平添上一层光彩，甚至是温情脉脉的纱幕。

到了改革开放的20世纪80年代，有一天我忽然在报纸上读到林孔湘老师的悲惨遭遇。他想以赤子之心报效祖国，向毕生热爱的柑橘研究投入了一切，忍受着难言的痛苦，换来的却总是打击、限制、刁难和不信任，以及对人格的侮辱。直到开放的年代，他才得到平反。我丢下报纸，马上决定要为林老师做点什么事，便立即给因癌症晚期而卧床的林老师写慰问信，也请他代向李院长致意。我还说如可能，想亲自去广州采访他。我想在英文版《中国日报》为他刊出一篇动人的特写文章。他在病榻上给我回了信。可是事与愿违，我既派不出年轻记者，自己也无法去；再后来，听说他和李院长都辞世了。震惊、难过之余，我很担心李院长是否也遭受过不公正的待遇。他们弥留人间时都想过什么。写到这里，记起有位青年诗人的名句："卑鄙，是卑鄙者的通行证；高尚，是高尚者的墓志铭。"几十年的人生沧桑，太耐人寻味了。一想到"文革"期间有多少老一代正直、爱国的知识分子受到折磨和屈辱，而我没能为他们做点什么事，这种内疚是再也弥补不了的愧恨。

直到1989年我才有机会陪外国客人去广州出差。我只有短短的一天能办点私事，便抓紧时间去东山探望了冼子昌，并同其夫人以及其大哥愉快地共进晚餐。我告诉阿昌，将来有机会真想再来广州，看看老学友，也为老师们扫墓。

我也忘不了坪石校园里的那些粉红色、白色，好像还有紫蓝色的香豆花①。那是我去坪石前没有注意过的。它不像玫瑰或牡丹那么名贵，亦没有梅兰竹菊那种傲气。但对我来说，它的泥土气正好象征着人性的朴拙无华。这鲜丽的野花，在我的回忆中是和岭南、坪石的名字永远分不开的。让眼前的大海来见证吧。这里是一个学生最深沉的悼念：什么时候才能把几束香豆花和哀思奉献在老师们的墓前？

1992 年 6 月写于汉普顿海滨

（本文原载于 1993 年岭南大学农学院坪石同学会编印的《坪石怀旧》续刊，第 34～35 页）

---

① 当时大家都叫它 Sweet Peas。手头缺书可查，姑且呼之为香豆花。

李沛文院长爱国、敬业、爱生的典范永志不忘
——感谢李院长一生给予的鼓励、支持和教导

林孔勋[①]

首先请大家理解我用"院长"这个称呼，它是我们岭南大学农学院学生从1941年以来对李沛文教授的称呼。

李沛文院长的父亲李济深曾任中华人民共和国副主席。李将军在20世纪20年代已是广东省省长，后来还被任命负责两广（广东和广西）党（国民党——作者注）政军全面要务。李院长本来完全可以借此获得高官厚禄，逍遥自在。但他不以为然，在20世纪20年代末远涉重洋，到美国康奈尔（Cornell）大学深造，以便能更好地报效祖国。1932年完成学业，获得硕士学位后，他完全可以继续留在美国工作，但他爱国心切，毅然决定不再留美继续学习或工作。1935年，他到广州岭南大学农学院植物生产系任教，教授果树栽培学。1938年10月，广州沦陷，学校迁往香港。当时各方面条件都甚艰难，校本部和工学院等其他学院只能借香港大学办学，夜间上课。农学院稍好些，去了新界元朗，在张园办学，白天上课。可叹为时不久，香港也告急，岭大全校师生又匆匆内迁，并由农学院先行，于1940年11月到了粤北山区坪石。学院院务原由古桂芬教授负责，后因古院长病逝，院务改由杜树材教授担负，到1941年夏由李沛文教授主持，即接任农学院院长。那时，坪石校内尚无电灯，办学条件异常艰苦。李院长就是在这么恶劣的环境下主政学院，任务何其艰巨！

李院长爱祖国、爱事业之心，从下面谈的一件事更可得以彰显。1949年9—10月间，广州解放前夕，李院长手上掌握了一批当时联合国救济总署的物资。国民党撤退时，命李院长把物资运往香港（也说是运往海南

---

① 林孔勋，华南农业大学植保系退休教授。

岛）或烧毁，绝不能留给共产党，并且还威胁李院长，要他到香港去。李院长为了保住这批物资，不听国民党指挥。国民党恼羞成怒，便把他扣押了。当我们在报纸上看到李院长不幸被捕的消息时，惊讶之余也感到愤怒。

前面谈的是李院长爱祖国、爱事业的感人之举。下面我想从我个人亲历的一些事情来谈一下李院长爱学生的崇高品德。

我于1942年就读于岭南大学农学院。由于我家经济困难，需要申请作为工读生。在我申请工读的过程中与李院长有过接触，他给了我很大的关怀，批准了我的申请。后来，在我毕业前一年，即1946年，我当选为岭南大学学生会农学院分会的会长。由于我不是广东省的，对有的事情不大熟悉，担心搞不好工作，对不起同学。李院长知道后就给我很大的鼓励，慈祥地对我说："同学们选你当会长，是对你很大的信任，你可以大胆地去工作，不要有思想顾虑，如有困难，可以告诉我，我会帮助你的，你放心好了……"这使我再一次感受到李院长的关怀和温暖。

我于1947年毕业后留校工作，直到20世纪90年代退休，一天也没有离开过农学院。李院长自1941年接任岭大农学院院长，到1952年院系调整，岭大农学院改为华南农学院，他仍继续连任，直至1985年辞世。也就是说，我从1942年到1985年，43年内除因战火，学校解散停办约2年时间，有41年之久我都是在李院长的培养与教导下成长，获益之深难以言表，现撰此拙作，借以略表一二。

我最后还想通过一个小故事来表达一下李院长对年轻人的教育是何等细致。有一次，我和他一起上楼时，他对我说："孔勋，我们对人一定要非常有礼貌，年轻人更应如此，不但在大场合或大场面要特别注意礼节，就连在很小的场所也要注意。比如，当你和一位女同志一起上楼时，你应让她在前，你在后。但是，下楼时你就不能在她后面，而是要反过来，是你在前，她在后。为什么？因为这样才可以更好地保护她的安全！"我听后呆了一下，心想这应该是"西方礼仪"了吧！我曾阅读过一本有关如何待人接物的书，在我的记忆里好像没有这一条。

回想在长达40年的时间里能一直得到李院长的鼓励与教诲，我感到非常荣幸。谨此深表对李院长的无比感激之情。李院长风范长存！

告别李副院长

周其明[①]

  我怀着沉重的心情，乘公共汽车从河南（珠江以南——编者注）赶赴黄花岗广州殡仪馆，与李沛文副院长告别。下车后，我匆忙朝殡仪馆走去，见通往殡仪馆的小路口被大小汽车堵塞得水泄不通。我三拐四弯地勉强挤了进去。朝同一方向去的几乎都是参加院长告别仪式的，多数是院长的学生。原来的停车场早已停满车辆，其中有学院领导的小车。往前走，见到几位园艺系教工，大家相见默默点头。告别仪式已经开始，我无法站到前面，就站在大厅外面的人群后面。

  哀乐奏响……

  沉痛的哀乐把我带进一幕幕的回忆中。1935年我考进岭南大学农学院，是李院长任教的首届学生。李院长亲自教我们园艺学课程，每周讲课两次，实习两次，理论与实践结合十分紧密。李院长重视人才培养，特地从广西沙塘农业实验站聘请既有理论知识又有实践经验的全国著名农学家马保之博士来院任教。我的毕业论文是关于植物激素促根试验，李院长怕我没有把握，特地为我找来一本英文参考书。在他的亲切关怀下，我得以顺利完成毕业论文。

  1938年广州沦陷，日本鬼子横行霸道。因担心学生学业中断，李院长历尽艰险，把我们暂时转移到香港新界的张园继续学习；与此同时，李院长又千方百计把岭南农学院的一些贵重仪器设备转移到广东粤北山区的坪石，以免遭受日寇破坏。

  1952年院系合并，华南农学院正式成立。李院长满腔热情，要求父亲出面请毛主席亲笔题写"华南农学院"校名，自己又担任《华南农学院

[①] 周其明，原华南农业大学园艺系老教授。

学报》主编，亲自把好学术关。

　　1980年，为了加强学术交流，李院长出面特邀美国哈佛大学胡秀英教授专程前来农学院做多场植物学专题演讲。

　　李院长一心一意为农学院充实教学资源，常常利用自己的人际关系从国外引进一些好品种。1980年，李院长知道原岭南大学农学院学生彭国珍来港，便陪同李娉意老师专程抵港，为学校争取了一批教学设备，其中语言实验室一套设备对改善农学院的外语教学条件起到了立竿见影的效果。

　　不知不觉地，我又想起20世纪70年代的非常时期，我和李院长一起到翁城干校接受"劳动改造"。那年冬天，我看见李院长赤着背、穿着短裤衩站在鱼塘中参加干塘捉鱼劳动。我暗地里想，李院长有肝炎病史，难道就没有别的改造手段了吗？

　　…………

　　哦，我不能想得太多，也不愿想太多。

　　李院长已经离开我们，就让他坦坦荡荡地一路走好吧！

2006年6月9日

怀念李院长

何等平[①]

20世纪80年代初,广州郊区的罗岗橙已闻名中外,罗岗大朗一队的橙园曾创下连续3年亩产万斤的高产历史纪录。

为了进一步保持高产纪录,罗岗果农邀请华南农学院李沛文副院长前往指导。对此,李院长欣然答应,并立刻组织起一个临时柑橘生产顾问小组,其中有省农科院果树所黄志文,农学院园艺系季作梁、陈大成和我。当时,我刚调来不久,十分高兴有机会参加这次支农活动。很快,以李院长为首的顾问小组,包括果树栽培、果树生理、果树选育种以及植保,一支专业齐全的5人支农轻骑队便高高兴兴地赶赴广州北郊罗岗。

一到罗岗,第一件事就是进果园观察生产状况,向果农了解橙园生产管理情况。果农一再提出保叶过冬问题。我们边走边谈,在果园绕了一圈后便回到办公室座谈,中心议题是如何保叶过冬,确保来年丰产。果农热切期望李院长给他们出谋献策。李院长却一再表示,同行的几位年轻同志多年从事果树方面的教学、科研和生产工作,让他们多发表看法,一起讨论,群策群力。有了院长的壮胆撑腰,大家纷纷发表各自的看法和意见,问题最后都集中到"冬季清园"与"保叶过冬"这一对矛盾上。

作为果园的常规植保措施,书本上一般要求冬季必须清园,去除一切病虫枝叶。但如果摘除溃疡病叶过冬,等于不保叶过冬。从生理角度看,叶片所积累的养分不足,树体衰弱势必影响春天花芽分化,将会产生果农所说的"乒乓花"(无叶花)现象;即使开花,也挂不稳果。果农提出保叶过冬,实际上正是合理调控树体的营养生长与生殖生长,要求植保方面全方位考虑,以期找出一个综合平衡点。经过大家反复磋商,最终把冬季

[①] 何等平,华南农业大学园艺学院退休教授,从事病虫害综合防治方面的研究。

清园、摘除溃疡病叶的时间确定在春芽萌发前。这样既保证了冬季清园的执行，充分利用老叶光合作用，为树体积累更多的养分，又防止溃疡病等病虫侵染春芽嫩梢。生产实践证明，这是切实有效的丰产技术措施之一。

参加这种多专业人员现场讨论，解决生产问题的活动，当时我还是第一次，所以留下了深刻的印象，至今记忆犹新。李院长那种教学科研服务于生产的理念，以及他身体力行的团队作战精神，影响了我后来的工作思维。如今，我已退休多年，每当我听到什么"黑板种田""屏幕种果"的时候，不由得又想起那年随院长到罗岗的事。

"文革"结束后不久，我和季作梁老师去东莞出差。在东莞农委工作的学生郑国良向我们提出，中国是荔枝原产国，也是世界上荔枝优良品种和产量最多的国家，为什么老师们的研究都关注柑橘而不是荔枝？回校后，我把这个意见转告了李院长。

1980年，在李院长的亲自筹划下，广东省荔枝科技协作会议首次召开，园艺系随即开展了广东省名优荔枝品种高产稳产配套技术研究。这项研究从名优荔枝品种的选育到采前采后生理，从栽培技术到病虫害综合防治，再到贮运保鲜一条龙。尤其是最尖端的内源激素研究应用方面，联系到丰产、稳产及国内外贮运保鲜技术，这些充分体现了李院长敏锐的视野及博大的胸怀，以及其组织领导水平。

数不尽的回忆，永远的怀念！

2006年6月1日

缅怀李沛文教授

梅英俊[①]

在我的记忆中，李沛文教授从年轻时代直至垂暮之年，一生都勤奋致力于农业教育和科学研究。李教授重视教学质量，并设法提高教师队伍的业务水平。例如，1954年的苏联展览会在广州举办，当时有一个在国内尚属少有的电子显微镜学习班，能参加这个学习班实在不易，但他立即想方设法为我院争取到名额。我还记得，当我刚开始担任遗传学教学工作时，为了进一步提高我的遗传学理论和实验技术，教研组拟派我到遗传学术水平高的学校进修，李沛文教授知道后立即与复旦大学我国著名遗传学家谈家桢教授联系，安排我的学习。李沛文教授一生不懈地献身农业科学研究，更积极支持和帮助教授们开展研究。我还记得，我们果蔬选种教研组于20世纪50年代开展对大白菜春化阶段的研究，但当时很难找到冷冻设备。当李教授知道我们这个困难后，毫不犹豫地将其家中唯一的雪柜给我们使用，让我们在他家中进行这项试验冷冻阶段的研究。他毫不考虑搬出雪柜里那些正在冷冻的物品是否会损坏以及对家庭生活带来的麻烦，他心中想的只是帮助我们完成这项研究工作。他这种全心为科研的精神和对我们给予的无私帮助，我至今一直铭记在心中。

李教授一向积极参与农业生产社会活动，常与生产单位联系，争取协作帮助解决生产问题，从而提高教学质量和增加研究资源。1974年，他已年近70高龄，而且身体又有病，但他仍然与园艺系果树部门及有关教师一道前往四会县深入田间考察柑橘生产，以帮助当地的柑橘生产和教学联系生产实际。更多的是，他经常不辞劳苦，参加各级领导部门主持的有关果树生产的考察和集会。李沛文教授一生献身农业教育，无私帮助年青一代提高工作能力，终身不懈地为农业科学研究和农业生产工作。他这种坚韧的精神令我十分敬仰。李教授永远活在我心中。

2006年6月21日

---

① 梅英俊，原华南农学院园艺系教授，现为美国San Antonio Botanical Garden研究顾问。

严谨治学　诲人不倦
——纪念李沛文院长100周年诞辰

薛德榕[①]

1954年春，我毕业后到华南农学院报到，次日到俄文教研组上班。陈长敬主任给我介绍组内6位老师之后，便安排我到两个班听课，观摩课堂教学，熟悉课堂秩序和学生动态，然后才安排一个班试教；另外还安排我帮助任课较重的老师批改作业本，了解学生的学习程度，帮助老年教师拿图表，并且同往课室挂图等教学辅助工作；还要参加任课教师课后评议；自己上新课之前先给全组老师试讲，大家提意见之后才正式讲课。

陈长敬主任看我似嫌烦琐，环节太多，便补充说："不同年级的学生，对象不同，讲课方式方法也不尽相同；作为新上任的老师，课前试讲和课后评议两个重要环节不能减免，而且将其作为全组教师必须遵守的条规之一。我在岭南大学时，都是如此。"

在放学路上，我陪陈长敬主任走一段路，他说："中华人民共和国成立前，我在岭南大学农学院毕业，留校担任园艺系助教，主要担任李沛文教授的教学、科研助手。李沛文教授是岭南大学农学院院长，他要求每位新任教师上每堂新课之前必先试讲，力求做到讲课内容简练，言语清晰，深入浅出，层次分明，重点突出，表达准确，前后衔接，逻辑性强。另外，他对板书也很讲究。比如，黑板布局要事先策划，关键内容要写于一边，重要内容要适当保留，次要内容要随手擦去。李院长尤为重视讲课质量和效果。他强调，下课之前留3分钟归纳总结，重复关键内容（指预留未擦去的板书），让学生加深理解，增强记忆。"

陈长敬教授跟随李院长多年，耳濡目染，深受李院长为人处世、治学严谨和敬业爱业等优良品德的熏陶。现在重温李院长的教诲，不无现实意义。

2006年6月19日

[①] 薛德榕，原华南农学院外语系教授。

服务社会　风范长存
——纪念李沛文院长 100 周年诞辰

梁子超 ①

李沛文教授是岭南大学农学院院长，院系合并以后是华南农学院副院长。我 1943 年入读位于坪石的岭南大学农学院，1947 年毕业于位于广州康乐园的岭南大学农学院，以后一直在华南农业大学任教，40 多年来是在李院长的亲切关怀下成长起来的。

李院长不但是一个著名的园艺学家，还是一个著名的教育家；不但是一个优秀的教师，还是一个好领导。例如，李德铨教授、邵尧年教授、谭自昌教授、林孔湘教授、郑天熙教授、邝荣禄教授、黄伟胜教授、萧祖徽教授、李永禄教授、范怀忠教授、李鹏飞教授，还有外系的孔宪保教授、容启东教授、钟香举教授等，他们都是有真才实学的名师，哺育了来自五湖四海的莘莘学子。学生毕业以后，分布到世界各地，各尽所能，为社会服务，有些杰出的师兄弟（妹），更是蜚声中外，都不愧为岭南人、华农人。

记得在 20 世纪 50 年代，李院长在学院大礼堂对全体师生做报告，他娓娓道来，说到科学上的一件丑闻：有一个科学工作者做遗传学研究，他研究出来的结果不符合孟德尔定律的数学比例，第二代不是 9∶3∶3∶1，而是 9∶7，或 13∶3，他就把 9∶7 或 13∶3 用颜料染成 9∶3∶3∶1，制作假结果，并且公开发表出来，因而自毁前程。李院长倡导的实事求是、严谨治学的风气深印在后来人的心中，回荡在华农的校园。

李院长的思想是与时俱进的。随着时代的变化，他提出新的设想，做出新的建树，如开展冷藏果品保鲜试验、建立蚕桑国际亚太培训中心等。

李院长是著名的农业科学家、教育家、园艺学家、社会活动家，他作育英才，服务社会。他崇高的品德和服务社会的精神闪烁着明亮的光辉。

2006 年 6 月 10 日

---

① 梁子超，原华南农学院退休教授。

回忆李沛文恩师的二三事

陈乃荣　戴月明[①]

1976年前后，那时我们还在热带作物研究院工作，奉命到惠州市杨村柑橘场蹲点，并和中国科学院上海生物化学研究所合作，研究柑橘黄龙病的病原体及治疗技术。当时广东省因感染黄龙病而丧失生产能力的柑橘树年达百万株。当李院长知道消息后，专程到杨村。当时的工作条件和生活条件相当艰苦，他乘坐的是长途公共汽车，下乡坐的交通工具是"单车尾"，吃的是一般伙食。我们做后辈的，唯一能照顾他的就是亲自下厨。他深入田间细看，认真听汇报，检查试验的设计，询问试验的细节，特别关心治疗病树的效果。他说他虽然在搞果蔬的贮藏加工，但他的兴趣广泛。他还特别勉励我们，要加倍努力，如果对黄龙病的治疗取得成功，将是对国家的一个巨大贡献。临别时他嘱咐我，如果到广州，请到他家取一本参考书，这本书对我们的工作会有帮助。

事隔数天，我回到学校拜访他，他给我一本近期美国加州大学出版的《柑橘病毒研究论文集》，其中包括南非及法属留尼旺的青果病、台湾立枯病、东南亚的速衰病的病原学、传病昆虫及防治技术。读完有关章节，我们了解到中国的黄龙病，实质上与世界各地的青果病、立枯病、速衰病是同一种病，不同的是各地根据其病征而叫出不同的名称而已。李院长借给我们的资料，对进一步研究病原学有非常大的帮助，因为当时要取得这些资料是非常不易的。

两年后，我们的研究取得阶段性成果，我带着图片和一些试验数据到学校向他汇报。一进他家门，他态度非常严肃，劈头就是一句："你们是怎样研究的，把细胞的空胞说成是病原体？"我当时沉住气，把带病原体

[①] 陈乃荣、戴月明均为原华南农学院园艺系教授。

的放大图片和南非青果病的图片，从形态和内部结构做了详细比较，证实是同一种病原物。接着谈到关于定名问题，征求他的意见。由于我们对病树注入了青霉素，病症受到明显的抑制。青霉素杀菌的机理，主要是破坏细胞壁，对膜结构的病原物是没有效果的，结合电镜扫描，证明黄龙病的病原体是壁结物。当时，我们在患病的芝麻和猪屎豆里相继发现了类菌质体 MLO，所以拟命名为类细菌体，以此征求李院长的意见。他沉吟片刻，慢慢地说，看来叫 MLO 是不恰当的了，叫类细菌体也可以，就叫 BLO 吧（bacteria lite organism），就这样把黄龙病病原体的属性定下来了。接着，我向他解释有人把我们发表在《中国科学通信》上黄龙病病原体的照片讲成"空胞"的缘由。他带着歉意的口气说："很抱歉，我误解你们了，这些人为了争名，把别人贬低，有什么好处呢！"

大约是 1984 年，一位同志应邀参加中美柑橘技术交流会，她让我把中文稿译成英文。我把译文送给李院长，请他代为改正。李院长及其夫人李娉意女士把译文改了个"大花脸"，然后逐句给我解释。他俩一丝不苟的精神至今令人不能忘怀。

我们怀着崇敬的心情怀念我们的恩师，学习他对专业的执着和对晚辈的关心。

2006 年 6 月 13 日

李沛文教授 100 周年诞辰纪念

陈作溥[①]

回归报国表心忠,
蔬果保鲜建绩功。
桃李盈门跨四海,
英才拔萃贯长虹。
学科基奠人称颂,
国际交流享誉红。
磊落恩师丰碑树,
巍巍塑像万世崇。

2006 年 6 月 23 日

[①] 陈作溥,华南农学院农学系退休教授。

忆与念

关佩聪　罗冠英[①]

一、难忘的叙会

53年前的那个秋天,我们留校工作。9月的一个暖和的晚上,我国农业和园艺科教界的著名老专家和老前辈、尊敬的副院长李沛文教授邀请我们到他家聚会。对于我们4个(罗汝南、梅英俊、罗冠英、关佩聪)刚毕业的青年学子来说,院长的邀请给了我们莫大的惊喜。

院长对我们留校工作表示欢迎和高兴。他精练地描述了国内外农业和园艺科技的现状和前景,还借助国外科技书刊和图片解说,使我们对园艺科学有更深入的了解。李院长语重心长的教诲,使我们认识到学无止境,任重道远。我们有幸与院长全家共进晚餐。中西菜肴,美味可口;老少同欢,倍感亲切。

短暂叙会记犹新,

师生相聚情谊添。

亲切教导多期待,

长久铭记在我心。

二、亲切的关怀

20世纪五六十年代,彩色电视在我国尚属稀罕之物,那时,李院长家中已经有了彩电,曾邀我们前去欣赏。

我们怀着新奇和兴奋的心情,第一次观看了彩电和录像。多姿多彩的影像,特别是国外先进的农业科技和生产状况展现在我们眼前。边看,院

[①] 关佩聪,华南农业大学园艺系主任,退休教授,主要从事蔬菜栽培研究工作。罗冠英,华南农业大学园艺系党总支书记,退休教授。

长边解说，使我们对外部世界增加了了解，加深了对现代化农业的认识，激励着我们奋发进取。

改革开放以后，院长参加国内外活动的机会多了。每次从国外归来，他都不忘挤出时间给我们畅谈。有一次，他从美国宾州州立大学交流回来，向我们介绍美国园艺科技和生产的最新动态，引领我们学习有关先进科技，并将其应用到教学科研和生产中去。这些都体现出院长作为老专家、老前辈对事业的执着和对培育后辈的诚挚之心。

三、青老情谊

20世纪70年代末80年代初，社会服务业很不健全。华农所在的五山街，理发店只有一两间，理发要挂号排队等候，很费时间。李院长除了繁忙的校务和教研工作，还有许多校外兼职，社会活动频繁，理发之事让他颇费时耗神。

我自学生时代以来便有自己理发的习惯。那时，院长也喜欢参与，遇有重要的社会活动或接待外国友人等，他常常临时邀我为他理发。喜得闲情日，院长也会抱着幼小的爱孙，到我家让我为他爷孙理发。他曾特地带来照相机，用当时稀有的彩色菲林为我的儿女拍照，并随和地同我们聊家常。他曾深有感触地对我们说："现在环境越来越好，你们的儿女已逐渐长大，家务负担轻了，是更好好工作的时候了。"期望之情，言犹在耳。这些日常交往，不断增进了我们青老之间的温馨情谊。

<blockquote>
生活小事见情操，
内外操劳奉献多。
关爱后辈真情浓，
融和相处乐呵呵。
</blockquote>

2006年6月

怀念恩师质生先生

邹南荪[①]

质生（李沛文，字质生）先生离开我们21年了，远在美国的我，听说母校要纪念他，心潮不胜澎湃。往事并不如烟，尤似质生先生仍在他学生们的身边。

1985年4月，我奉命出差华北，回穗遂闻质生先生以79岁高龄骑鹤西归，以未能得幸见恩师最后一面而惆怅良久。

我和先生黄志文在岭南大学农学院时期开始受教于质生先生。在华南农学院毕业后，无论是在粤东或是在省果树所工作的几十年内，我始终没有忘记质生先生的教诲。

我和志文都是从事柑橘研究的。中华人民共和国成立初期，盛产名柑的潮汕地区黄龙病严重，我和志文在质生先生的支持与指导下，工作的重心就是寻觅解决黄龙病的有效途径。我们建立了示范栽培园，和果农一道，按照质生先生的思路，取得了很好的效果。那些年代，在黄龙病防治的课题上，果树科技界就主攻方向和主要措施方面有过激烈争论。质生先生认为应该从培育健壮苗木入手，通过坚持改善栽培条件的途径来解决。我毕生从事柑橘栽培的实践，证实了质生先生和林孔湘先生的学说，他们都为柑橘黄龙病的防治做了重大的贡献。

质生先生对广东省柑橘产业的振兴是不遗余力的。中华人民共和国成立前，他就在潮安、潮阳设立试验场，推广良种，示范新栽培技术，深得果农欢迎。中华人民共和国成立后，他建议成立广东柑橘研究所，我和志文就是经质生先生推荐，由粤东调入柑橘所的（后合并为果树所）。

20世纪五六十年代，广东柑橘产业发展迅速，主产区已不局限于粤

[①] 邹南荪，原华南农学院54届毕业生，原广东省农科院果树所研究员，现定居美国。

东一隅。那时候，在质生先生的倡议与指导下，志文深入粤北连县山区，和农民一道研究试种温州蜜柑，取得良好效果，生产发展很快，山区人民生活有了明显改善，以至当地政府立碑永志盛事。粤北山区柑橘生产的发展，质生先生功不可没。

质生先生毕生从事园艺教育事业。从1935年任教于岭南大学园艺系开始，至1985年离我们而去，前后50年，桃李遍天下。在他的教诲下，其莘莘学子大多成为精湛的专家和知名的教授，成为国家建设的有用人才。

我毕业后一直从事柑橘栽培研究。20世纪80年代初，我有幸加入由章文才教授率领的中国柑橘科技考察团赴美考察。我写了一篇有关柑橘矮化密植栽培的论文，由于自己的英文底子欠佳，英译文本难以示人，于是硬着头皮拿去请质生先生修改。质生先生粗看之后，莞尔一笑，说声"放下吧，过几天来取"。后来，这篇论文竟然受到美国同行的青睐，还刊登在美国的柑橘专业杂志上。章文才教授笑着对我说："你这篇论文不错，英文文笔流畅，很有美国味。"天啊！章教授难道不知道这篇论文中文是我写，而英文文本完全是质生先生写的？那时候，质生先生是华南农学院副院长，行政、教学、科研百事缠身，还挤出宝贵的时间为一篇小论文操心费力。质生先生对学人教诲不倦、关怀备至可见一斑。

质生先生之女哲嗣自加拿大多次来电，嘱余有文纪念乃父，匆草上文，不能达意于万一。静夜遐想，不胜唏嘘。填《如梦令》一首，冀附大雅，聊博一笑。

如梦令

当年岭海熏风，常慕鹰击长空。既为简中人，勇攀科技高峰。前冲，前冲，惜乎未达苍穹。

2006年7月12日于美国
七六老妪　邹南荪

缅怀李沛文教授对广东果树研究和发展做出的重要贡献

黄淑蓉 ①

今年（2006年——编者注）是李沛文教授100周年诞辰，我怀着万分崇敬的心情，缅怀他为广东果树研究的发展所谱写的光辉业绩和做出的重要贡献。

李沛文教授是广东省农业科学院果树研究所的奠基者。

1953年，我大学毕业被分配到广东省石牌试验站（华南农科所前身）工作，当时李沛文教授是华南农科所筹委会主任。中华人民共和国成立初期，果树生产要发展，品种需更新复壮。果树大小年结果问题、果树上山问题、柑橘黄龙病问题等都亟待解决。但当时省级没有一个研究果树的科研机构。李沛文教授急生产所急，提出在华南农科所筹备阶段增设园艺系，加强果树研究。为了增加科研力量和解决研究基地不足的问题，除每年增加大学毕业生分配名额外，还充分发挥华南农学院果树教学基地的作用，并推荐学识渊博、经验丰富的教师担任园艺系的科研带头人，开展四大果树（柑橘、香蕉、荔枝、菠萝）品种资源圃的建设、柑橘上山栽培技术研究、荔枝大小年结果问题及调控技术研究、菠萝控顶恢复输苏研究等，树立了科研、教学、生产相结合的典范。为了果树生产的不断发展和科研队伍的不断壮大，1960年成立广东省柑橘研究所和果树研究所，由李沛文教授兼任柑橘研究所所长。他于是广招人才，从全省各地吸收十多名研究精英，充实科研力量，并在柑橘主要产区（粤西的高州、粤东的普宁以及杨村柑橘场等）常年派科研人员蹲点，配合当地技术人员共同研究解决当地柑橘生产存在的问题，如柑橘密植早结丰产稳产研究、柑橘无病

---

① 黄淑蓉，广东省农科院果树所研究员，已退休。

母本树选育、柑橘红蜘蛛防治研究等，为广东省农业科学院果树研究的发展奠定了基础。

　　李沛文教授治学严谨，理论联系实际。1954年，我作为他的助手，在其领导下开展荔枝开花习性观察和提高坐果率试验。我们每日上午8:30分准时到华南农学院三区荔枝品种园，对7～8个品种进行开花习性观察和喷洒不同激素以提高坐果率试验。根据观察，他首次揭示荔枝同一品种雌雄花不相值或相值时间很短是造成荔枝开花多、坐果率低的主要原因，因此提出授粉树的配置、人工授粉和外源激素补充可提高坐果率，从而得出荔枝结果大小年原因的理论依据。他把这些研究结果编入果树学教材对学生讲课，并要我参加听课。由于他理论联系实际，教学内容丰富，深入浅出，对学生循循善诱，深受学生的拥戴。

　　李沛文教授学识渊博，治学态度严谨，学术涵养丰厚又谦虚待人，具有科研人员追根究底的创新精神，我有幸与他一起作研究，深受教诲，获益良多。每当我完成一项研究，撰写论文或总结时，他都亲自指导。他热情、温和、轻声细语，从不摆架子，他的音容笑貌以及为果树事业的奉献精神长留在我的记忆之中。

　　我们缅怀这位杰出的科技先驱，铭记其光辉业绩，将有助于遏制学术界的腐败之风，促进科学的提高与发展。

2006年5月20日

矢志不渝　实践自己的理想
——怀念李沛文院长

区元悫 ①

李院长离开我们了，给我们留下的是一个慈祥的长者、默默耕耘的科学家的形象，而不是一个高级行政人员，也不是一个道貌岸然、孤芳自赏的学究。

我没有机会直接聆听李院长的教诲，却又始终没有离开过他的"视线"。那是我自高中开始的人生体验。

抗战胜利，岭南大学从粤北辗转回迁广州康乐园，我是在1945年战争最后阶段升高中时考入岭南大学附中的。来到康乐园，在一片茵茵绿草树影中，我感到无比平静和安详。岭南大学是一所教会学校，宗教气氛浓厚，每周末晚，基督徒师生（包括大学、中学）都分别到教授、院长家过团契生活，亲如一家（每一团契均以圣徒名称来选名，如雅各家、约翰家）。我是在基督教家庭长大的，自然就是其中一分子，从此便在这里认识了李院长夫妇。不久，师母还吩咐我替他们的女儿慈君补习英语，对院长一家就有了一份特别的感情。

然而，经过思想改造运动（那时正是三校合并在石牌上课的阶段），师生关系从此蒙上了神秘难释的面纱，一切似乎都必须重新认识；加上我读的是农学专业，接触的是另一专业的师生，与李院长一家人的关系无形中就疏远起来。

20世纪50年代末，由于众所周知的原因，学院也要搬到农村办学，全省设8个专区，办7~8个分院。我和一位植保老师一起随李院长夫妇分到博罗低丘陵山区的汤村，利用当地的农校附设了农学院分院。当时

---
① 区元悫，原华南农学院53届毕业生，现定居澳大利亚。

师母李娉意老师在植物教研组任教，我们4人，加上招募的一些专区技术员，大学一年级的课程似乎就可以搭起一个新架子，只是如何办学却没有明确的蓝图。李院长十分认真，以一副职的职务去协助从地方党政机关调来的院长、教务长，一起研究设立基本教务及教学机构，设置课程，同时又筹建校舍。李院长夫妇住在离农校有一段距离的山坡小屋里，我们这些年轻已婚教师则住在由原大饭堂分隔成的一间间小木板房内。从战火中滚过来的我们也就淡然应付（心安理得），专心办学。

  雨季的一天，远远看见李院长如常地骑着单车到1公里外的农校饭堂买饭菜，他穿着雨衣，戴着相当深度数的近视眼镜，车头挂着二层饭盒，在泥泞的公路上艰辛前进。目睹此景，我心头一阵莫名惆怅，敬仰之情油然而生。抗战时期，一个获得国外高级学位又有显赫家庭背景的科学家，在国家危难时却毫不犹豫地与岭南大学石桂芬院长一起率领师生到粤北山区办校，为了祖国的农业教育事业做出不懈的努力，今天的处境与他所做的贡献成反比，一切岂非由于他仗义执言，本着诚实的个性，却被扣上一顶"右派"帽子，成了"众叛亲离"的人。为什么？然而，正是由于他坚信自己的理想，坚守自己的志向，他才不会随波逐流，趋炎附势，追逐时务。想到这些，我忽又感到正是因为他坚守自己的信念，坚持理想，才能凡事泰然处之。

  思绪万千，谨拾一二以怀念院长。

2006年6月23日于澳大利亚

与李沛文院长共事 30 年

李小流 ①

我认识李沛文院长是从抗日战争时期开始的。那时他不怕困难，由生活较优裕的香港返回粤北坪石担任岭南大学（以下简称"岭大"）农学院院长。他肩负重任，艰苦工作，使岭大农学院能在艰苦的敌后继续办下去。当时，我在曲江仙人庙岭大附中读书，认识了李院长，在他的间接影响下立志读农学院。抗战胜利后，岭大在广州康乐园复课，我考取了岭大农学院畜牧兽医系。李院长继续从事教学和科研工作，并兼任善后救济分署的农业复兴工作。

1949 年，我从岭南大学农学院毕业，当时正面临"毕业即失业"的处境，我几经考虑终于选择干本行。抱着满腔热忱为人民服务，不怕劳苦，上山下乡也在所不辞的愿望，于 1950 年申请返回母校岭大农学院畜医系任职。回校后，首先得到李院长接见。他和蔼可亲，平易近人，同意并鼓励我任职本行，并热切希望我能实现他的计划和理想。他推荐我协助萧祖徵教授建立一个家禽实验场。当时，萧教授任教于畜医系，负责家禽教学及科研工作。李院长拨了一笔专款，用于发展一个家禽实验场，派我到香港购买一批美国著名的纯种鸡。雏鸡仔由美国空运到香港，再转运到广州。鸡种中有力行鸡（Leghom）、洛岛红（Rhodes Island Red）和澳洲黑（Australia Black）改良本地鸡。李院长非常关心我们的试验结果，希望我们能培育出产蛋多、肉质好的新鸡种。他不单只抓家禽改良。抗战胜利后由善后救济总署赠送数十头奶牛给岭大农学院，以改良本地牛，其中有荷兰牛（Holstein）、泽西牛（Jersey）等。当时李永禄教授任教养牛学及负责科研养牛场，我亦跟随李教授搞养牛工作。李院长还注意到提

---

① 李小流，原华南农业大学牧医系教授，现定居加拿大多伦多。

高牛奶产量和发展乳业。这不但使我们可以尝到著名的岭南牛奶，并且还奠定了日后华南农学院畜牧方面的教学实验农场的基础。这一切成就都是与李院长的指导分不开的。

李院长既抓行政又重视教学科研工作。我敬仰他，佩服他那种办事魄力和认真的精神。我与李沛文院长共事 30 年，除了亲身体会到他这种刻苦耐劳的干劲和高瞻远瞩的眼光外，也看到他性格善良友好的一面。直至 20 世纪 70 年代末，他 70 高龄了还坚持工作。

他既是我们的良师益友，也是一个好院长。我敬佩他、怀念他。他永远是我们学习的好榜样。

2006 年 6 月

回顾李副院长的卓越贡献

潘润智 [①]

今年（2006年——编者注）10月18日是已故副院长李沛文教授100周年诞辰纪念日。回顾李教授多年来在教学、科研等方面的贡献，我深为敬佩。最令我难忘的则是20世纪70年代，祖国改革开放初期，李教授以其宽阔的胸怀和忠心报国的精神，在推动中外文化交流及技术合作等方面所做的卓越贡献。

1978年，他首先倡导中美学者交流，促成了他早年留美就读的宾夕法尼亚州州立大学农学院与华南农学院结为姐妹学校，为此，美方农学院院长等一行还专程造访了华南农学院。访问结束后，外事办卢吉祥同志和我陪同他们到北京与农业部领导会晤。我当时担任翻译。双方畅谈，达成共识。美方同意派专家到华南农学院协助科研工作；随后，农业部决定要为出国预备人员进行培训。学院因此成为第一所由农业部挑选、承担农科出国预备人员英语培训的学校。筹备过程中，李副院长积极协助，与国外朋友联系，邀请一些英语教师协助教学，从而使培训班的教学工作得到了有力的支持。

从1980年至1990年，华南农学院共培训了400多名来自全国各农业院校及科研单位的青年教师和科研人员，为他们到美国或其他国家留学深造创造了条件，而他们学成回国后又对促进各院校的教学及科研工作起到了重要的作用。这就是李副院长的一大贡献。

此前，李教授的朋友从香港捐赠给华南农学院第一套语音实验室，包括播放、收录器材及桌椅等全套设备。随后，他的美国朋友介绍苏珊小姐到华南农学院任教；后来，索森女士、柏格女士等亦分批来到。当时，我

[①] 潘润智，原华南农学院基础部副主任、教授，现居美国加州。

担任这个培训班的教学管理工作,深深感受到李副院长及其夫人李娉意老师,还有我们教研室许多老师对我们工作的鼎力支持与帮助。

  我们永远不会忘记李副院长的卓越贡献。我们要向前辈学习,下定决心,不断地充实自己,努力为祖国的繁荣昌盛贡献自己的一分力量。

缅怀李沛文教授

邓树开[①]

接到学校寄来的"关于举办李沛文教授100周年诞辰纪念活动的启事",我感慨万千。记得1953年,即我从中山大学化学系毕业分配到华南农学院工作的第二年,我应邀去李教授家里,当谈及用植物生长调节剂对荔枝保花和防止落果的问题时,他建议我做新药物化学合成的研究工作,并很快提供科研经费给我开展实验。之后,我成功合成两个+5,2,4二氯苯氧乙酸(即2,4–D)和α–萘乙酸(即NAA)结构相关的类似物,并配合李教授在农科院的助手,将成果在本校农场荔枝园地作应用实验。实验没有获得预期效果,因为客观原因,这项研究停顿了,可是这件事却给我留下了难忘的回忆。大学毕业后,李沛文教授首先让我独立进行科研工作,给我机会操练,为我日后的事业奠下了第一块基石。

"文革"后期,李教授复出工作,他立刻投入柑橘保鲜研究,并从国外引进保鲜剂"噻苯咪唑"。他倡议发动本校的力量解决合成问题,不再依赖从外国进口。当时我还在"五七"干校,李教授向校方有关领导提出建议,点名要我参加这项工作,并在翁城就地组织力量进行。这项工作自始至终得到李教授在物质和精神上的大力支持。1976—1977年间,除了"噻苯咪唑"外,我们还完成了其他六种保鲜剂的合成,写成论文,并于1978年在本校第八次科学讨论会上发表。1979年,该文还在中国农药学会第一次年会上宣读,并于1980年刊载于《华南农学院学报》第一卷第一期。

李沛文教授对我的器重,我终生难忘。尤其使我感激的是,1981年我与家人一起移民定居美国时,头等大事就是找工作。我当时一无国外认

---

① 邓树开,原华南农学院基础部化学教研室教授,现定居美国。

同的学历，二无当地工作经验，处在极其困难的境地。正是凭着其中那篇论文四处奔波求助，终于在南加州大学药学院找到了一份可以使我立足的差事，稳住了我一家人的生活。我常常在想，我过去走过的道路是坎坷的，但从积极意义来看，没有在华农 28 年工作的积淀，不可能有我在美国的今天；没有在华农像李沛文教授等老一辈的学者对我的扶持与栽培，也不可能有我的今天。在纪念李沛文教授 100 周年诞辰之际，饮水思源，我由衷感谢李沛文教授，祈望通过他的家人接受我对李教授的敬意。

在这里，我想多抒发几句，寄语在校年轻的莘莘学子，你们要继续弘扬李沛文教授献身科学的精神。在校园内，每当你们经过华农前辈塑像前，都要驻足默念，鼓励自己，勤奋学习，勇于探索，不断创新，为华农争光。这才是我们为前辈立塑像的真正意义。

2006 年 5 月 17 日

永远怀念恩师

曾启瑞 [①]

我是李沛文教授的学生,我在李老师的教导下在华南农学院学习、工作了 20 多年。他不但在科学知识方面教导我,而且在待人处世方面也给我树立了极好的榜样。对此,我深感荣幸,毕生难忘知遇之恩。

李老师在为创建果蔬贮藏加工学科的过程中,事事亲力亲为,筹集经费,购置设备。他常常会用"水果生产要增产 10% 极不容易,而在采摘后烂掉 10% 却是十分平常"这一事实来教育我。李老师的科研工作绝不局限于果品贮运,他还致力于柑橘选种、柑橘黄龙病、荔枝大小年、香蕉栽培技术、猕猴桃和牧草的引种等工作。他在最为失意、精神上陷入极端痛苦之时也从来没有放弃过对科研的执着。他还十分重视将科研成果应用于生产实践。记得在荔枝气体贮藏试验取得成果后,省果品公司在东莞产区应用此项新技术,将荔枝远销北方城市,他亲自到现场指导。他还会晤当时苏联驻广州商务参赞,介绍此项新技术,希望能将荔枝远销莫斯科。

点滴往事一一浮现眼前,李老师永远活在我心中。我突然想起他喜爱的诗句:"俏也不争春,只把春来报,待到山花烂漫时,她在丛中笑。"

2006 年 6 月 7 日于香港

[①] 曾启瑞,李沛文的第一个研究生,原华南农学院果蔬贮藏教研室教师,现定居香港。

重视基础理论，联系生产实际

季作梁[①]

40 多年前，我抱着无限崇敬的心情慕名报考了李沛文教授的研究生，从南京到广州，成为他的学生，从此加入了他的教学、科研团队。几十年来，我受益匪浅，治学方面尤深，影响深刻的是李教授一贯践行"重视基础理论，联系生产实践"的学风。正是这种学风的熏陶，不仅让我本人尝到了甜头，而且让这个团队一直坚持到现在。在此仅举几个主要事实，作为学生的怀念。

一、让荔枝年年都丰收

荔枝大小年是荔枝生产中存在的一个重大问题。导师提出首先要解决的是成花，开花是结果的前提。我们从花芽分化和成花机理入手，通过先后 4 位研究生的努力，历时 6 年，终于明确了荔枝花芽分化的形态和广东省早、中、晚熟主栽品种花芽分化的时期；同时测定了这期间内源激素含量动态，提出荔枝"冬梢"的临界时间，并研制出荔枝控梢促花素。此项新技术在全省各荔枝产区推广应用，取得显著的经济效益和社会效益，该技术获得广东省科技进步二等奖（1990 年）。

二、研究荔枝冷链贮运新技术

荔枝果实采收于盛夏，采后的荔枝一日变色，二日变味，三日腐烂，贮运保鲜是一个难题。导师提出长期贮运主要靠低温，低温贮运首先要解决"冷害"的问题，进行冷害机理的研究，并在此基础上不断改进低温贮藏技术。此技术在东莞市进行生产运作成功，获农业部科技进步三等

[①] 季作梁，华南农业大学园艺学院退休教授，主要从事果树的栽培与采后生理及技术的研究与推广工作。

奖（1985年）。以后在技术上不断完善，形成一整套冷链贮运技术。1998年，在广州市向全国招标项目"荔枝贮运保鲜工程技术开发"的100吨商业化运作中一举中标，当年完成标书的内容，获得广州市科技进步二等奖（2000年）和农业部农牧渔业丰收奖一等奖（2003年）。

近年来进行了荔枝果皮褐变机理研究，延长了荔枝贮运时间，提高了荔枝的货架寿命，3年来成功地将3000多吨荔枝远销到美国、加拿大，打开了中国荔枝商业化运作的大门。2002年，实验结果表明，花色素糖苷酶是荔枝果皮褐变的关键酶，从荔枝果皮中提纯该酶，揭示了该酶的生物学特性及抑制酶活性的条件，进而提出了荔枝无硫贮运技术。经试，于2003年通过省级鉴定，作为后备技术，拟今后进行产业化应用。

三、首次建立了我国主栽柑橘品种的贮运技术体系

柑橘类贮运，20世纪50年代是借用苏联的资料，贮藏温度是0℃～1℃。而在我国外销应用时，柑橘由于"冷害"而遭到很大的损失。我们通过研究，认识到柑橘冷藏"水肿"病其实质是"冷害"，从而摸索出适合我国不同柑橘品种的临界"冷害"温度。后来，与华南植物研究所、广东省果菜公司合作，确定了我国甜橙、柑橘类的合适贮藏温度，结合筛选有效的防腐剂及单果包装技术，即使常温贮藏期也可达4个月之久。该项技术早已在广东全面推广应用，并获商业部科技进步三等奖（1980年）。

四、国产香蕉代替进口香蕉

20世纪80年代，国内市场货架上的香蕉几乎全是进口货，国产香蕉只能出现在地摊上。我们通过对香蕉果实成熟过程中生理及病理规律的研究，建立了优质香蕉采前和采后处理配套技术，现已大规模应用在商业上，每年贮运1万吨以上，创立了国内一流的"大唐香蕉"品牌。该项技术结合荔枝、蔬菜成套技术的研究、开发、应用及产业化运作，获得国家科技进步二等奖（2001年）。

如今，我们这个团队在广东省、广州市及学校领导的支持下，建立了广东省果蔬保鲜重点实验室，设有采后生物技术、采后生理生化、采后病

理、保鲜新技术、果蔬质量标准与评价等5个研究室，从事细胞壁分解基因、果实应激抗性基因、植物性抗病物质、褐变机理、气调技术等基础理论的研究。但我们始终未忘记导师的一贯思想，以理论联系实际解决生产上的难题，把研究成果推广应用。目前，我们与从化华隆果菜保鲜有限公司、深圳市西丽果场、珠海市下栅果场、大唐实业有限公司、茂名市绿园冷库、东莞市黄江冷库等进行广泛的合作，把知识转化为生产力，已取得显著成效。理论联系实际，路子愈走愈宽。在这纪念恩师100周年诞辰的日子里，我们特别怀念我们的领路人。他虽然离开了我们，但他的治学精神永远铭记在我们的心中，而且会代代相传。

2006年5月

我的日记
——记李沛文副院长

林伟振①

1972 年 4 月 × 日

学校开始"复课闹革命",还没有正式办公室,今天只好继续在 17 号楼三楼临时办公室开教研组会。

李院长从干校参加"劳动改造"回来不久,今天抽空也来参加。我们都知道院长有肝炎病史,曾住院留医一次。会前,大家正在闲聊,有人劝院长干脆退休养病。话音刚落,院长毫不思索地对大家说:"不好,现在国家有困难,正需要大家一齐努力,你们不能够这样想……"听了院长的话,大家沉默良久。

1973 年 8 月 × 日

前不久,厄瓜多尔香蕉进入北京市场,市民为之一震。进口蕉肥大无伤疤,皮色金黄,十分抢眼。来自南方的国产蕉又瘦又小,且伤痕累累皮色铁黄。论口味,人们把进口蕉比喻为引种大白鸡,味淡;国产蕉像土种三黄鸡,味浓。对此,京、津、沪、广四大果菜公司及一些高等院校联合组成南蕉北运试验组,进驻广东顺德杏坛,并立刻展开试验。8 月份是最佳试验时机,第一批北运试验蕉由铁道部试验机车装运。一周前我跟车到达北京前门果品批发部;到站后,按照试验计划用乙烯气对香蕉就地进行常温催熟。

按约定时间,李院长今早乘飞机赶来检查试验结果。不用说,他一定随身带上了心爱的尼康相机,前来收集第一手试验资料,也为教学积累生

---

① 林伟振,华南农业大学园艺学院退休副教授,主要从事果蔬贮藏加工的教学与研究推广工作。

动的直观材料。

他风尘仆仆地来到前门批发部，刚一见面他就问"结果怎么样"。"对比试验差异十分明显。"我边说边带他到现场观看。看后，他要求挑那些最有代表性的箩筐，将其移到空旷的地方准备拍照。

李院长办事认真细心，总是追求完美，这从照相的过程中也可看得出来。他小心翼翼地取出相机以及测光表，手握相机绕着香蕉转，想找个理想角度，一会又掏出测光表瞄一瞄。好不容易找到个好镜头，天上忽然飘过来一块白云，把太阳给挡住了，他不得不放下相机等待。就这样，我看他一会儿对镜头，一会儿举起测光表，一会儿抬头望望天上移动的云块。拍了停，停了又拍，前后足足花了一个半钟头。当他微笑着收回相机的时候，他的前额已经布满了汗珠。

我终于明白了，平常院长提供给我们的教学幻灯片为什么那样清晰漂亮。慢工出细活。这是那些一周能出3篇论文的人绝对学不到的。

19×× 年 × 月 × 日

李院长主编的《果品贮藏加工学》总算出版了。

自从全国"复课闹革命"以后，院长心里萌发了一个愿望，他一心想为高等教育的发展多做点事情。他预见，随着全国经济形势的进一步发展，十分需要果蔬贮藏运输加工的技术人才，便决心组织力量填补这方面教材的空白，于是着手组织全国有关高等院校教师编写教材，历时3年，终于出版。

我们知道，在组织编写《果品贮藏加工学》的过程中，李院长还萌发了一个心愿，就是争取在我们农学院率先成立果蔬贮藏加工系。他一直在为此而努力。

19×× 年 × 月 × 日

《果品贮藏加工学》第一版出版。

今年，华南农学院园艺系果蔬贮藏加工专业第 × 届招生。

全国原来参加该教材编写的所有农业院校通通成立果蔬贮藏加工系。

李院长一直盼望的华南农学院果蔬贮藏加工系一直未能成立。在一次专门讨论此事的会议上，学校某领导表示，对此"要钱没有，要命有

一条"。

1985 年 × 月 × 日

李院长肝炎复发第三次入院已经有些时日。教研组年轻教工每天轮流从他家里带些补充食物到医院。

今天轮到我，一如往常。上午先到李院长家，李师母递给我一个保温瓶，装的是院长喜欢的青菜泥。每次我一进中山三院传染病区院长病房时，他总是笑着迎上来接过保温瓶，一边把保温瓶中的菜泥倒进自己的饭盒，一边问我教研组的情况。我如实反映情况，一切正常，请院长放心。临走时又问院长还有什么话要我回去转告他家人。

今天，我一到三院，架好单车，习惯性地来到院长病房，没人，转头却从急救室大窗口看见一名中年男医生正在为病人做人工呼吸。不好。我走近窗口细看，躺在床上的果然是李院长。这时，做人工呼吸的医生倒退半步，双手放下，仰头叹了一口气。见此，我的反应是掉头蹬上单车，一溜烟回学校报信。一进门就告诉李师母，说情况不妙，院长正在急救室抢救，赶快……

我心里清楚，院长再也没有机会参加教研组会议了。他走了，带着没有实现的心愿走了！

2006 年 6 月 8 日

我国果品贮藏保鲜学科的开拓者之一——李沛文

苏美霞[①]

李沛文，果树学家、农业教育家。毕生从事农业教育事业，长期担任教学领导职务，为发展我国农业教育事业做出了重要贡献。创建了高等院校农产品贮藏加工专业，是我国果品贮藏保鲜学科的开拓者之一。

李沛文，字质生，1906年10月18日出生于广西苍梧县大坡山乡料神村。其父是我国已故著名爱国民主人士、中华人民共和国副主席李济深先生。李沛文幼年生活在农村，家乡盛产沙田柚、荔枝等水果，故他从小对果树就有感性认识。1921年就读于广州南海中学，后转入广东高师附中。1925年考入中山大学预科。1927年赴美国留学，在普渡（Purdue）大学、依阿华（Iowa）大学肄业，后转入康奈尔（Cornell）大学研究院专攻果树学，并在加州大学修读柑橘栽培学。1932年获科学硕士学位。1933年回国后，在浙江大学任教。1935年年初受聘于岭南大学，任岭南大学农学院园艺系教授。该系后改为植物生产学系，李沛文任系主任。1938年，抗日战争的烽火波及广州，岭南大学迁至香港。1941年秋，岭南大学农学院院长古桂芬逝世，李沛文接任院长。后来，岭南大学农学院又因日本侵略军侵占香港而迁往粤北山区的坪石。当时日机到处狂轰滥炸，李沛文以事业为重，毅然抛下妻女，不畏艰险，只身奔赴粤北，主持农学院工作，与教职员工一道坚持教学。有不少名教授受其影响，亦纷纷应聘前往执教。抗日战争后期，日本侵略军进军粤北，坪石受到威胁。农学院师生在李沛文的率领下，虽辗转于山区，但仍坚持教学和研究工作。

[①] 苏美霞，华南农业大学园艺系退休副教授。

在他的献身精神影响下，全院师生团结一致，同甘苦，共患难，终于渡过险境，迎来了抗日战争的胜利。至今，每当岭南大学校友聚会，回忆起当年的艰险历程时，坪石校友无不为此引以为荣，对李沛文院长更是倍加怀念。

1945年后，岭南大学迁回广州，李沛文仍任农学院院长，他致力于恢复教学和科研工作。他特别关心我国柑橘生产的发展，认为广东的潮州柑品质优良，不亚于国外品种，惜因栽培技术落后，且受致命的黄龙病之害，以致有日渐衰落之势。早在抗日战争前，他就决心振兴广东柑橘业，首先进行良种母本树的调查和病虫害防治试验。1937年冬，在盛产柑橘的潮安县鹳巢乡成立了柑橘育种研究室。后得潮汕实业界人士郑寿芝的资助，于1939年春又在潮阳县成立潮汕柑橘试验场。他一方面从美国邀请林孔湘、郑天熙、黄昌贤等专家回国进行研究工作，另一方面又在吴绍彝、王浩真、谢黄、陈华仁等的协助下，选出大批优良母株供繁殖之用。这项工作一直持续到中华人民共和国成立之后，为广东潮汕、博罗杨村柑橘场及其他地区柑橘业的发展奠定了良好的基础。他对危害两广柑橘的黄龙病防治一直挂念于怀，并不断寻觅解决的途径。20世纪50年代后，李沛文尽管因工作需要而转向果品贮藏学的研究，但他仍以极大的热忱支持黄龙病研究专家林孔湘的工作，并极力为他创造条件，由此深得林孔湘的敬佩，视李沛文为良师益友。

李沛文深感国内农业落后，认为我国数千年来所采用的犁耙耕种应尽快发展为机械化才能大面积提高生产。1948年5月，他利用任岭南大学农学院院长的职务之便，设法从联合国善后救济总署驻广州办事处争取到广东农垦处主任之职，从而在广东省惠阳县的马鞍围成立了示范性的机耕农场。1949年9月，南京国民政府在撤离大陆之际，命他将所有物资转移到海南岛。李沛文对国民党的统治早已不满，为保留难得的设备，他拒不执行命令，暗中授意其手下将汽车和农业机械的轮胎及重要零件拆除，使这批物资无法转移。此举激怒了国民党当局，在一次会议上突然将他扣留。幸得岭南大学及社会知名人士多方奔走营救，加上他在学术界及社会上享有的较高声誉，国民党特务才未敢下毒手。

中华人民共和国成立后，他以获得新生的激情投入祖国的建设事业。1952年，全国高等院校进行院系调整，他率领岭南大学农学院全院师生，与原中山大学农学院及广西大学农学院畜牧系合并，成立华南农学院（现华南农业大学），他历任副院长、校顾问。院系调整后，因工作需要，他转向果蔬采后处理和果品贮藏保鲜的研究及教学。他率先将南方的热带、亚热带果品北运并远销苏联和东欧各国。1978年，他主编了《果品贮藏加工学》教材。除繁忙的教学、科研工作外，他还主管学校的后勤工作，为振兴祖国的农业教育事业默默地耕耘着。李沛文院长一生辛劳勤奋，于1985年与世长辞。

一、我国果品贮藏保鲜学科的带头人

李沛文在留美期间已注意到果品贮藏保鲜的重要性，他目睹了我国水果贮藏技术落后，各地果农只凭祖传经验保存果品，缺乏科学的依据。他回国任教后，立即开展了柑橘的贮藏研究工作，分别于1936年和1942年在《岭南农刊》上发表了2篇关于柑橘贮藏的论文。这是我国较早时期关于水果贮藏的研究报告。1953年，他在柑橘贮藏保鲜的研究方面取得多项成果，提出了广东几个主要柑橘品种（甜橙、蕉柑、椪柑等）的贮藏适温，指出了柑类果实不耐低温的特点，发表了《柑橘果实在冷藏中出现"水肿"病的一些规律》《柑橘贮藏试验》等论文，并确定了各种果实受"冷害"的临界温度。广州、北京、上海、天津各地的果品公司纷纷采用了此项研究成果，免除了柑橘果实在贮藏时"水肿"病的发生，为此，该成果于1975年获广东省科技成果四等奖。1989年，农业部又为该成果颁发了科技进步三等奖。"六五"期间，由李沛文主持的采后生理研究室承担了水果贮藏保鲜的国家攻关项目，从另一角度研究柑橘果实在贮藏期间的"冷害"问题，发现甜橙褐斑病的发生是不适宜的低温及其所激发的内源乙烯所致，并研究出采用贮前预处理防止病害发生的方法。在商业部主持的鉴定会上，这项成果被评为国内首创。

20世纪50年代初期，我国外贸部和商业部共同提出南果北运和出口苏联，他接受任务后与广东省果菜公司合作，首先选择香蕉和柑橘作为北运出口对象，并亲自到水果产区举办技术培训班，参与果实的采收、包装等采后处理全过程。李沛文把他多年来研究贮藏保鲜的技术成果应用于生产，成功地将香蕉、柑橘运到苏联和东欧国家，为我国热带、亚热带水果打开了北运外销的通道。

对荔枝的贮藏保鲜技术，李沛文投入了更多的心血，他把采后仅能存放 2～3 天的荔枝远销到世界各地当作他毕生的愿望。他受古代果农凿竹藏果的启发，凭着扎实的理论基础，在 20 世纪 50 年代就开始了低温自发性气调贮藏保鲜荔枝的研究，到 1963 年已能将荔枝保鲜一个月。在他的指导下，广东省果品出口公司将贮藏一个月后的荔枝出口香港。《羊城晚报》还发表了题为《千年兄弟喜相逢》的文章，表达了人们对不同成熟期的荔枝、龙眼能在同一时期上市的赞许。然而，李沛文并未因此而停步，他继续研究广东盛产的几个主要荔枝品种的贮藏性、褐变原因以及采后贮藏适温、包装形式等一系列处理技术。20 世纪 80 年代初，他终于取得了荔枝贮藏寿命 50 天以上、大规模生产性贮运达 35～40 天的研究成果。为此，他于 1985 年获得农牧渔业部科技进步三等奖和广东省农业科学进步二等奖。

20 世纪 80 年代初，在李沛文的指导下，他的助手和研究生对荔枝花芽分化与激素关系进行了研究，测得分化期间各种激素的含量变化和对分化的影响，采用施加外源激素，有效地促进了荔枝的开花、结果。此项成果对克服荔枝的大小年起到了重要作用，1990 年获得广东省科技进步二等奖。

二、重视学科发展新动向，培养大批果树人才

李沛文毕生致力于农业教育，培育了大批农业科技人才。他授课时理论联系实际，深入浅出，语言精练，把科学与艺术和谐地统一于教学之中。他开设的果树园艺学，把植物生理学教授寇狄斯（O. F. Curtis）的理论贯穿其中，并指导学生撰写果树生理方面的毕业论文。这在当时农业科学还比较落后的 20 世纪 30 年代较为少见。

1952 年，全国高校院系调整，在园艺系要增设果蔬贮藏加工学这门

课程，该学科当时在国内仍属空白。李沛文勇挑重担，他一边参照苏联的教材，一边以大量的第一手材料作补充，组建了果蔬贮藏教研室；争取到轻工部、农业部的支持，建成60平方米的小型实验冷库。20世纪60年代初，又新建成约200平方米的中型冷库，冷藏、速冻俱全，为教学、科研创造了条件。至80年代，该冷库的设备仍是我国农业高校中唯一颇具规模的冷藏设备。

1978年，李沛文受农业部之托，重编《果品贮藏加工学》教材。作为主编，他广泛组织全国各农业高校及有关生产流通部门的人才，并征集和吸收了他们的意见，打破了苏联教材的框框，在充实基础理论的同时，融入了我国果蔬贮藏加工方面的实践经验和研究成果，从而充实和提高了原有教材的内容。该教材受到教学和生产单位的欢迎，并一直沿用至今。

李沛文重视学科发展新动向，善于吸收新成果。在组织编写教材的同时，他还向领导部门建议在农业高等院校成立农产品贮藏加工专业，以便尽快培养人才，建立产后服务队伍，做到产前产后一体化。他的建议得到了领导部门的重视并被采纳。不久，农产品贮藏加工、食品工程、食品科学等专业在各高校相继成立。1983年，华南农业大学成立农产品贮藏加

1991年春节，季作梁、苏美霞到北京探望师母时合影
（左起：李沛文大女儿李慈君、苏美霞、师母李娉意、季作梁、李沛文女婿朱思贵）

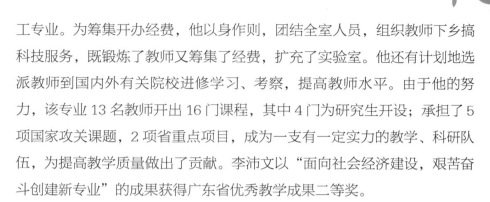

工专业。为筹集开办经费，他以身作则，团结全室人员，组织教师下乡搞科技服务，既锻炼了教师又筹集了经费，扩充了实验室。他还有计划地选派教师到国内外有关院校进修学习、考察，提高教师水平。由于他的努力，该专业13名教师开出16门课程，其中4门为研究生开设；承担了5项国家攻关课题，2项省重点项目，成为一支有一定实力的教学、科研队伍，为提高教学质量做出了贡献。李沛文以"面向社会经济建设，艰苦奋斗创建新专业"的成果获得广东省优秀教学成果二等奖。

在长达半个多世纪的执教工作中，他培养了数以千计的大学生、几十名硕士研究生。其中有些已成为行业内的专家、教授，有些是生产或教学部门的领导。如在国外任教的林书洛教授，美国宾州大学植物学教授陈长敬，我国蔬菜育种专家李鹏飞、植物病理学家范怀忠等都曾受教于李沛文。

三、甘当教学、科研的"后勤部长"

李沛文在漫长的教学、科研生涯中，深深体会到教学和科研离不开后勤工作，搞好后勤工作，又离不开"后勤部长"。因此，他对后勤事务总是不厌其烦，事必躬亲。在改善学校供水，建设教学用煤气房，建立电子显微镜室、人工气候室及电子计算机等高级仪器设备的中心实验室等工作中，无不亲自操办。1980年，经他联系，华南农业大学与美国宾州州立大学建立了合作关系，结成姊妹学校。他广泛联系海外人士及港澳同胞，为学院增添了一套语言实验设备。1981年，他争取到一笔世界银行贷款，并亲自担任贷款项目的负责人，规划贷款的使用，力求发挥贷款的最大效益，而由他直接主持的教研室和研究室却并未因此而获取分文。同时，他又争取到联合国开发计划署的拨款，在华南农业大学建立了亚太地区蚕桑培训中心，为第三世界发展蚕桑事业服务。

李沛文在做好本校工作的同时，凡对我国农业科学发展有利的事，他都视为分内工作，积极参与。1952年年底，他以华南农学院名义向有关领导部门建议成立华南农业科学研究所，获政务院（今国务院——编者注）和广东省政府批准，任命广东省林业厅厅长王更生为筹委会主任，原华南农学院院长丁颖和他为副主任。研究所一经批准，李沛文立即投入了繁重的筹建工作，一面向当时广东省委书记陶铸争取经费，一面着手建筑房舍、招聘科技人员、拟定研究项目等具体工作。当该所发展成农业科学院后，他又致力于柑橘研究所和果树研究所的建立工作（现两所已合并）。

　　李沛文的一生是奉献的一生。他逝世后，由他的学生发起，于1986年成立了李沛文农业科学基金会，该基金会得到社会各界及在海外学生、好友的支持。该基金会着重帮助年轻的农业科学工作者、教师、学生等。李沛文的爱国心、事业心以及为振兴祖国农业的献身精神将永远激励后人奋勇前进。

知难而进　锲而不舍
——恩师李沛文教授的治学精神

梁立峰①

作为"文革"后李沛文教授的第一批研究生，我有幸近距离地接触这位华农学生敬仰的著名教授，实实在在地接受他的培养，从中学习他的治学精神、科学态度及方法。

李沛文教授"文革"后招收的第一批研究生一共3名，分别被指派到荔枝大小年、荔枝贮藏及香蕉"冷害"课题做基础研究。那些问题在当年甚至至今仍在相当程度上是果树学科上的大难题。李教授给我们分派任务后鼓励，我们要知难而进，锲而不舍，一步一个脚印，直到将果树生产上存在的问题解决好。他还说，荔枝为我国原产及主产，我们不去解决生产上的问题，哪个国家能帮我们解决？他的这些话充分反映了他急生产之所急、科研要为生产服务的崇高思想境界。他的这些教导使我这个已摸索化州橙多年、很想在柑橘方面做些工作的学生，下定决心跟着导师去啃荔枝大小年这块硬骨头。

当年，我回顾过李教授在荔枝大小年问题上的研究思路和具体行动。他的第一位研究生曾启瑞先生，在20世纪60年代初已进行过与荔枝大小年有关的调查研究；然后由田志方先生进行荔枝花芽形态分化的研究，由季作梁老师做荔枝树体营养与花芽分化关系的研究。这正是一步一个脚印，但一步比一步高。"文革"前夕，李教授招收了两位中山大学生物系毕业的研究生。如果没有"文革"，估计这两位中起码有一位会加入荔枝大小年问题研究这个团队。"文革"使李教授的研究中断了。打倒"四人帮"后，他再次开展荔枝大小年的研究课题。这次他要从内源激素的角度

---

① 梁立峰，李沛文教授的研究生，原华南农业大学园艺系教授，现定居美国。

去研究荔枝的花芽分化，当时这在国内果树界属于一种开创性的思路。李教授曾说过："我现在已72岁了，但我当我是27岁。"这话真一点不假。若非具有年轻人的活跃精神，岂能有如此现代化的思路？联想起他当年设想通过细胞融合的途径培育抗寒香蕉品种的思路，我们赞叹他在跟踪最新科学发展方面是一个真正的年轻人。

20世纪70年代末开展的内源激素的研究课题，在一无基础设备、二无基本技术的条件下，其艰难程度是可想而知的。为了使他的研究能顺利启动，李教授将季作梁老师从外校调进来当他的助手，具体从事此项研究。由于荔枝花芽富含酚类物质，要从中提取并分离出内源激素，我们遇到了很多困难。但在导师的关怀下，我们最终还是攻克了一个个难关，摸索出一套适合从荔枝花芽材料中提取、分离及定性定量鉴定内源激素的方法。记得有一天，我正在实验室排除真空浓缩仪的故障，琢磨很久都未能很好解决。恰好这时李教授进来，他问我实验过程有什么困难，我告诉他这个真空浓缩仪常常抽气不好，影响浓缩。他当即叫我将全套仪器卸下，经他重新装上后叫我试用。开机后，我惊奇地发现，他装的仪器运转很好，真空抽气力度很大。于是我问他是否以前用过这类仪器。他说以前没有用过，是基础实验技能使他明白应该如何安装才好用。他还告诉我，他本是一位很好的实验和研究人员，只因过早（36岁）担负领导职务才无法参与第一线的工作。他还意味深长地说："现在要靠你们了！"

在纪念恩师李沛文教授100周年诞辰的日子里缅怀他的治学精神，我发现我们没有辜负恩师的期望。在季作梁老师的带领下，20世纪80年代中，几位弟子合力完成了荔枝花芽分化期间四类内源激素变化动态的研究。到80年代末，国内才陆续有其他院校和研究机构进行果树内源激素的研究。1991年，中国台湾有人发表文章报道荔枝花芽分化期间的激素动态。2001年，泰国也有人发表类似文章。到1995年才有美国学者向我了解荔枝内源激素的研究进展及索取研究方法。上述研究动态表明，李沛文教授率先在国内果树界开辟内源激素调控果树生理这个研究领域，也率先在国际上开展荔枝花芽分化与内源激素的关系的研究。研究成果推动了控梢促花系列技术的成形及广泛推广，使华南地区的荔枝获得大幅增产。

"荔枝花芽分化内源激素研究及控梢促花素的应用"获得了1990年广东省科学技术进步二等奖,同步进行的"荔枝花芽分化研究"获得了东莞市1985年科技进步三等奖。随后,"名优成年荔枝丰产稳产综合技术研究"获得了广东省1997年科技进步三等奖。我们所取得的所有这些成绩都源于恩师的高瞻远瞩,受益于恩师的知难而进、锲而不舍的精神,其精神得到了发扬光大。

2006年6月16日

远见与求实

——纪念恩师李沛文院长 100 周年诞辰

陈灵 ①

两周前我接到罗汝南老师的电话，告知华南农业大学（以下简称"华农"）将举办恩师李沛文院长 100 周年诞辰纪念活动。这一消息唤起了我多年来对恩师的怀念和敬佩之情。在我心目中，李院长是一位具有超凡教育、科研、管理和外交才能的学者，更是一位学识渊博、眼界开阔的导师与长者。近些日子我一直在想：即便无法回去参加这一活动，我也一定要做些什么。昨夜，李院长之女李淑君女士打来电话，她说得知我是她父亲最后一个研究生，很希望我能写点什么。

我于 1983 年被华农录取为果品贮藏加工专业研究生，导师正是李沛文院长。由于当时李院长身患重病，我只在他家中见过他老人家几面。记得第一次见面时，他征求我对转变研究方向的意见。当时教研室的师资和研究生的力量大都放在果实的贮藏运输或采后生理上。李院长似乎从那时起就在构思建立食品科学专业，并意识到了食品加工方面教学与科研人员的短缺。他向我解释了加强食品加工方向人员培养的重要性和必要性，同时也坦率地说明了当时本室在这方面的教学与研究能力及仪器设备方面的困难。在他的鼓励下，我欣然接受了这一挑战。正因为李院长的远见，才使后来的园艺系食品专业的师资和实验室有了一定的基础。根据罗汝南老师的回忆，李院长在全国率先提出在农业院校系统成立食品科学专业的建议。由李院长策划、罗汝南老师撰写的食品专业规划和教学计划大纲，成为第一次召开的全国农业院校建立食品学科研讨会上最重要的参考文件之一，为农业院校食品学科后来的迅速发展奠定了基础。还有几次是与师兄

---

① 陈灵，李沛文教授的研究生，现为美国明尼苏达大学资深研究员。

们去拜访李院长。印象最深刻的是他对我们学习和研究的鼓励和教诲。比如，他非常强调我们阅读外文文献，这不但有利于我们掌握各自领域发展的状态和趋势，还帮助我们提高英语水平。事实证明，他的教导让我们终身受益。我想，他的每一个学生都会有同感。

李院长除了精心策划教学和重视科研队伍梯队的建设和人员培养外，还非常重视创造教学科研硬件条件。从与罗汝南老师的交谈中我得知，李院长很有战略眼光，他认为任何科研和教学工作必须具备一定的基础条件，那就是装备良好的实验室。李院长亲自带团参观国内外设备先进的大学和实验室，规划和筹集资金，购进一批先进仪器和设备，建立了我校的中心实验室。中心实验室的建立意义深远，它成功地把我校的整体科研基础设施提高了一个档次，带动了我校其他部系的发展，显著提高了我校的竞争能力，由此吸引了很多科研项目和海外投资。就我们教研室来说，早在20世纪五六十年代，李院长就筹得经费建造，并多次更新冷库。贮藏加工教研室目前的中型冷库于20世纪60年代初建成，至今仍是国内农业高校中颇具规模的教学和科研冷藏和冷冻设备。1984年，教研室进口了两台超低温冰箱，为我的硕士研究项目提供了必不可少的条件。我直接参与的另外一个设备购置项目，是利用联合国贷款（20万美元）进口小型果汁加工生产线。该项目的立项，离不开李院长的精心筹划和努力。我有幸参与了该生产线的初期设计并负责编写了该项目的国际标书，从中学到很多书本上学不到的东西。李院长以他独特的战略眼光和超前意识，加上他的直接参与，为我们教研室和学校基础设施的发展做出了具有历史意义的贡献。

李院长非常重视理论联系实际。他以身作则，带领大家与生产者紧密合作。李院长清楚地意识到，与发达国家的大学相比，我们没有足够经费购置所需设备。但是，我们可以走出校门，到果场、冷冻厂和加工厂去，与他们合作，利用他们的资金和设备。李院长这一独特的思维方式和求实的指导思想，为我们开创出了一条科研与生产结合的可行之路，这也是多年来科研教学获得巨大成功的秘诀。长期的实践，使这种合作在我们果蔬贮藏加工教研室形成了传统。我在攻读硕士学位期间就以技术服务的形式参与了与南海宝鲜公司的合作。我留校任教期间，在罗汝南老师的指导和支持下，我获得与许多工厂合作的机会。这些合作至少有四大好处：第一，激发科研灵感；第二，帮助厂家解决问题并提高自己解决实际问题的能力；第三，积累教学素材；第四，形成关系网络，为将来的科研合作和学生实习提供便利。

我相信，李院长的远见卓识依然在华农散发着余晖。我衷心地希望由李院长倡导的求实作风能在果蔬贮藏教研室和食品学院发扬光大。这也是对李院长最有意义的纪念。

2006年6月6日
于美国明尼苏达州圣保罗市

不能忘却的怀念
——缅怀李沛文院长

郑国梁[①]

在20世纪60年代,我有幸成为华南农学院园艺系果树专业一名学生。虽然因"文化大革命"的冲击,未能在校园内得到李院长面授知识,但1970年我到东莞工作后,李院长带领农学院的老师及研究生,多年来一直为东莞的果树生产、科研及贮藏保鲜事业提供了很大的支持与指导。事隔30余年,李院长在东莞农村的一言一行仍历历在目。

1975年那个既寒冷又淫雨霏霏的早春,70岁高龄的李院长来到东莞香蕉主产区麻涌,了解香蕉生产情况。他和我们一行几人,坐着普通的公交轮船来到麻涌。当时农村条件差,没公交车,而且大部分公路都是必须步行且易滑的泥泞村道。喝的是混浊的河水,住的是农村泥屋。但一个德高望重的学者、一位慈祥的老人,白天披着薄薄的雨衣,走在一畦一畦高低不平的蕉基上,细心观察、询问香蕉生长和防霜冻情况;晚上则在生产队的队部,坐在木板条凳上,在昏暗的灯光下与广东省有名的农民劳动模范巨伯(曾巨伟先生)详谈香蕉高产留芽技术经验,夜深则睡在冰冷的木板床上。正是李院长和其他老师的多次指导,协助以巨伯为首的一批老蕉农,总结出高产香蕉科学留芽先进经验,受到省里的表扬奖励。李院长还多次到香蕉外贸出口的麻涌蕉站,参加省香蕉出口主产区试验示范基地的品种评比,推广优良品种,并与各地蕉农探讨香蕉的科学种植问题。

20世纪70年代,东莞是全省荔枝、香蕉生产和出口的主产基地。但荔枝的大小年结果问题一直困扰着果农。在园艺系的何等平老师反映情况

[①] 郑国梁,华南农业大学园艺系68届学生,原在东莞市农委工作,后被广东省农委派驻香港工作。现已退休。

后，李院长亲临东莞，与县领导商谈，决定由园艺系的师生协助东莞开展荔枝生产科研工作，从生产、花芽生理分化、防治病虫害等多学科入手，掀起东莞荔枝生产的科学高潮。东莞县委亦专门拨出 10 万元人民币给华南农学院，建立了"李沛文基金"，用于开展科研活动，一直运作至今。李院长还时时带领研究生亲临荔枝园观察，与技术人员及果农交流生产及科研心得。他还利用自己的声望，从海内外友人那里引进新技术，将当时很珍贵并且很难得的高纯度生物制剂用到东莞荔枝科研生产上，为东莞的荔枝科研开拓出一个新领域。

在他的倡导下，20 世纪 80 年代中后期，香港中文大学化学系马健南博士、香落嘉道理农场、华南农学院园艺系的老师等，在香港连续 3 年开展了荔枝花芽分化的一系列生产与实验室分析试验。

在支持东莞果树生产的同时，李院长在 20 世纪 80 年代初已考虑到生产地区的果品贮藏加工的前瞻性课题。他专门邀请了澳大利亚籍华人李永申博士到东莞考察，促成东莞建起了全省第一个由农业生产部门管理应用的大型水果保鲜冷库，为东莞的荔枝保鲜和贮藏加工生产提供了很好的条件。冷库建成后，李院长的学生苏美霞教授等人，直至今日，仍遵循李院长的教导，与东莞合作，为荔枝保鲜贮藏做出了成绩与贡献。李永申博士为李院长的重视和东莞人民的热情所感动，曾留在东莞多年，与东莞工业部门合作，成立了当时技术含量较高的中兴保鲜设备有限公司，为农业生产提供冷库设备。

李院长渊博的学识、慈祥的长者风范以及科学敬业、身体力行的精神，一直留在学生心中。

2006 年 6 月 15 日

怀念李沛文教授

郭政波 [1]

时光飞逝犹如白驹过隙,转眼间李沛文教授已经离开我们21年了。逝者长已矣,然而过去的一幕幕仍历历在目,永远不能忘怀,就如他老人家仍然活在我们身边一样。

我原是果蔬贮藏加工教研室的普通一员,在李院长的带领和言传身教下,教研室的全体人员生气勃勃,为果蔬的贮藏加工技术赶超世界先进水平而在各自的岗位上奋斗着。李院长平易近人,对工作精益求精,执教严明,坚持原则。我虽然是一位普通人,但我经常以他老人家的精神来鼓励自己,教育自己的小孩要好好读书,学好真本领才能为国家和人民做出更大的贡献。李院长您还记得我小女儿郭红英吗?她出生的第一个春节,您老人家给她包了5元钱的红包,她现已是暨南大学医学院的硕士研究生了。李院长曾在省委礼堂面对全省的县委书记们做《遥感技术在农业上的应用》的专题报告。我记得那是1978年7月的一天,他那生动的演讲,对我所放的每一张幻灯片的说明解释,博得全体县委书记们雷鸣般的掌声。当时的场面是那样的热烈,县委书记们说,真是大开眼界。李院长那时所描述的遥感技术在农业上的应用,今天实现了。它不仅在农业上,而且在工业、国防领域起到非常大的作用。

李院长不仅对科学那样认真,对下属的关心关怀也是那样的入心。作为华南农学院的院长,他日理万机,工作那么忙,都还惦记着我们。曾记得我的新婚之夜,他带着夫人李娉意教授和教研室的老师们到我家祝贺。他谈笑风生,与我们拉家常,不时讲些在香港的见闻,乐得大家喜笑颜开。我真是终生难忘,记忆犹新。曾记得有一次回学校的路上,李院长在小车上和原省委宣传部的黄浩部长谈及高教战线上的一些情况,但他话锋一转又谈及林伟振老师的家庭情况及爱人的调动问题。我当时不懂得什

---

[1] 郭政波,原华南农业大学园艺系冷库技工,现华南农业大学水电中心负责人。

么，但后来细想，李院长在教学、科研上那样辉煌，即使处理每一件小事时，都是那样无微不至，尽心尽力，无不令人敬佩和爱戴。

回望过去，我似又听见李院长的亲切话语，看到他老人家慈祥的面容。虽然他离开了我们，但他永远活在我们大家的心中。他老人家的精神将继续影响我们，鼓舞、激励我们！今年（2006年——编著注）适逢李沛文教授100周年诞辰，让我们共聚一堂，一起怀念我们大家敬爱的李沛文教授。

2006年6月6日

李沛文家书一封

李沛文

亲爱的爱比①、孩子们：

你13日的信，今天收到。得到你们的消息的确有如见面一样亲切。慈君的消息更是使我欢喜②。这次她回来又适值她21周岁的生日，让我在此祝她生日快乐，身体永远健康，精神永远饱满！我不可能在17日这一天回来，因为我还有我应当做的事情。我自星期一起连续主持了四日的生产规划会议。虽然大会今日结束，但分组的规划明日才开始。我不应当这样就跑开，大家事忙了。你们说对不对？大概小孩子们也不愿意我这样就抛开公事的。

这里的农业生产规划在前一个月是这样的：要种300亩水稻，年产1万斤。养3000头猪。现在修改为：种200亩水稻，年产4万斤，养3000头猪，水稻跃进为原计划产量的4倍，你们说高不高？

2，4-D（不是2-4D）我已由明启处取得15克。我现在要NAA，你买到了么？

你去过校医室前的池塘么？有没有小球藻？可托人坐艇到最绿的地方去摘或取水样。

我这信是在空气灯底下写的，很够光，只是灯胆太容易烧线了。第一次大胆只用了40分钟就烧了，第二次小胆用了5～6小时也烧掉了。光是够光的，可以读书及写东西，只是胆是美中不足。我托蔡书记在上海买洋茶及高压消毒器，希望他有办法做到这一点。也托他去检生处取小球藻样本。昨日已电汇300元给他。

---

① 李沛文对夫人的爱称。

② 当时大女儿慈君在北京读书因肺病回家休养。

周日回广州，已托他再催设备科去催大连的洋茶。

我前晚洗冷水，但昨晚转冷，我不用洗身了，但今晚已由农校校长吩咐人烧热水给我。这里的人待我可说是很不错。昨晚一位东北的老师（农经）一定要为我打洗面水（去河边取）。她是女教师，这都使我很感动。

今晚从洗身房出来，见厕所后有大光灯，又有一大堆人，去看一看。原来是一大群农校学生（男男女女）赤着脚在挖鱼塘，3盏大光灯，几十青年男女一边唱一边欢呼在开夜工，这也很使我感动。祖国的前途就是由这些年轻的男女忘我地不分日夜地在创造，使国家日益美丽富强。回来经过一间教室，只有一盏小油灯照着一个站在讲台上的学生在读报纸给全班听，这也是一幅使人感动的画面。我自内心发出对那些坐享其成的人们的鄙视。

我都忘记我的生日了。不是你的信提起，我连10月18日也忘记了。我素来不在乎生日不生日的。

替我问候那印度女！①

也替我问候那铁路小工人！②

也替我问候那钓鱼女！③

也替我问候那4个可爱孩子的母亲！

好了，恐怕电灯胆又要烧线了，就此结束吧！

祝

大家快乐平安健康！

爸

（1958年）10月16日晚

---

① 二女儿婉君在学校炼钢铁，皮肤因高温灼烤而变黑，像个印度女孩。

② 儿子树芳随学校去芳村修铁路，故称他为铁路小工人。

③ 小女儿淑君随校活动去钓鱼。

百年华诞忆父亲

李树芳[①]

父亲离开我们 21 年了,可我感觉他好像才走了没多久。

我最后一次见到父亲是 1981 年 11 月底,他和华南农学院的吴灼年、庞雄飞教授出国访问考察。我送他们到白云机场,目送他们走向飞往北京的飞机。父亲走得不快不慢,一步一步很稳重、很踏实。20 多天后,我离穗经香港到美国留学,几乎在同一时间,父亲结束访问回国。3 年多后的一天早上,我突然接到从广州打来的长途电话 —— 当时从中国打长途电话到美国还是极少有的。母亲怕我受打击太大,只是说父亲肝病复发住医院了。这已经是他自"文革"开始以来第五次住院了,凭借他坚强的意志、乐观的心态和认真配合治疗的态度,虽然每次都能转危为安、痊愈出院,但母亲的电话给了我一个强烈的预感——父亲很可能要走完他的人生路了。第二天,妹妹淑君从加拿大打来电话,她的第一句话就是:"哥哥,我们知道你很坚强,希望你更坚强。爸爸已经离开了……"尽管已经有了心理准备,我还是止不住泪水直流。当晚,我没有吃晚饭,一个人在房间里坐了很久很久。使我十分意外的是,当我就读的宾州州立大学食品科学系的导师、教授们得知这个消息后,纷纷来安慰我,还说:"有什么需要,请提出来,我们会尽力帮助。"只身在异国他乡,在这么悲痛的时刻,他们的安慰、关怀,的确给我很大的温暖。

"要诚实,勤奋,不怕困难"

小时候,我就已觉得父亲是一个慈祥、和气、很有能力、很受别人尊

[①] 李树芳,李沛文教授的儿子,华南理工大学食品系毕业;后留学美国,获食品科学硕士学位;1989 年移居澳大利亚,一直从事食品研究和开发工作。

敬的人。他对我们从来都是轻声细语、循循善诱，很少发脾气或摆出父亲的架子来教训我们。他最早向我们传授的人生哲理是诚实。我小时候有一次与朋友一起偷了别人的木瓜，当我们正高高兴兴地在邻居家草地上分享"胜利"果实时，被路过的父亲看见了。晚上他问起这事，我撒谎说"是朋友家种的木瓜，他拿来给我们吃的"。听了我吞吞吐吐编造的故事，父亲早已猜出其中的秘密。但他并没有大发脾气或大声训斥，而是严肃地对我说："做错事不要紧，但绝对不能撒谎。说了谎话，以后还会做同样的错事，甚至犯更大的错误。"当时我虽然还不能领会他这些话的全部含义，但我内心很受震撼，懂得撒谎是不对的。他经常对我们说："人不一定要有很多钱，但一定要对社会有用。如果不诚实、胡作非为，再有钱、有地位，只会对社会造成危害。"在以后的几十年里，我们一直牢记这一谆谆教导，把诚实作为自己的行为准则。

父亲还教导我们，不怕困难、不为困难所吓倒是一个人的重要素质，是获得成功最基本的保证。记得我刚上大学时曾一度感到学习有困难，特别对高等数学，虽然下了一些功夫，但成绩提高不多。我开始有点灰心丧气，悲观地认为自己不够聪明，天资不如别人。父亲耐心地教导我说："天生聪明，并不是人人都会有的。如果天资不及别人，只有靠勤奋补救，像俗话所说'笨鸟先飞'，下了苦功夫，会有好结果的！"当时学校刚放过电影《梅兰芳艺术生涯》，父亲以京剧大师为例，说："梅兰芳为什么60多岁还能在《贵妃醉酒》中表演背弯腰去喝桌上的酒呢？因为他几十年如一日坚持练功，每天早上反复弯腰几十次，从不间断。学习也一样，虽然有时会很困难，但只要不被困难所吓倒，不断努力，锲而不舍，总会有好的回报。"

"事不如意者十之八九"

父亲对我们说得最多的一句话是"事不如意者十之八九"。就是说，人的一生中遇到不如意的事情是很多、很普遍的，应当时时有发生最坏情况的心理准备，当不幸、挫折或失败一旦降临时，就不会瞬间坠入失望和沮丧的深渊而不能自拔。当然，这并不表示他对人生的消极、悲观和无奈。他经常说的另一句话是"天无绝人之路",这就是说,在遇到不幸、挫折、失败时应该勇敢面对,不要为困难所折服,坚信一定有办法克服,要认真思考克服困难的办法。

这两句话,也许是父亲对自己经历的体验和总结。正是凭借这两句话,父亲得以度过了一次又一次的危险和艰难,经历了一次又一次的政治风暴,战胜了一次又一次的顽疾恶症。

父亲出生于旧中国的一个军人政治家的家庭,自小生活优裕,天资聪明,读书成绩一直很优秀。他21岁时只身到美国留学,获得硕士学位后回国,29岁在岭南大学农学院任教授。

1941年,父亲在35岁时被选任岭南大学农学院院长。时值抗日战争的艰难岁月,他无暇照顾家庭,率领岭南大学农学院师生员工转移到粤北,辗转于广东、湖南交界的山区,生活非常艰苦。他一度得了黑血病,病情十分严重又没有特效药品,曾经濒临死亡边缘。但他仍十分镇静坚强,对战胜疾病充满信心,经校医、护士的精心照料,终于闯过了生死关,身体慢慢痊愈康复。

父亲坚决拥护共产党、拥护新中国。中华人民共和国成立初期,周总理亲笔批示父亲为广西地区重点依靠使用的党外民主人士。他被任命为广西解放后第一任农林厅厅长,被选为全国政协委员。1952年,院系调整后,父亲被任命为华南农学院副院长,被选为广东省人民代表和广东省人民政府委员。国家和人民的信任和重托使父亲深受感动,他不知疲劳地投身于筹备、创建华南农学院、华南农业科学研究所等各项工作中。

1957年,毛泽东号召全国帮助党"整风","言者无罪,闻者足戒",接受党外人士提意见。南方日报社记者也一再邀请父亲写文章向党提意见。父亲抱着响应号召、帮助共产党改进工作的愿望,写了"对高等学校党委制的几点意见",不料在以后的"反右"斗争中受到严厉的批判,并被划为"内部右派",其后与母亲一起被下放到博罗县汤村农校,筹办华南农学院惠阳分院。虽然父亲怎么也想不明白自己为什么会被扣上"反对党的领导"的罪名,但他还是坦然对待这一突然而来的沉重打击,尽心尽力地投入惠阳分院的创建工作。

1962年后，经过几年的"调整、充实、提高"，"左倾"政策得到纠正，父亲的"右派"帽子也被摘掉了。沉重的心情刚刚恢复平静，岂料更大的政治风暴铺天盖地席卷整个中华大地。

史无前例的"文化大革命"对我们家庭来说是空前绝后的大劫难。运动一开始，父母亲都被打成"牛鬼蛇神"，挂黑牌、戴高帽、游街示众。没完没了地"交代问题"，数不清的大会小会批判斗争；还被强迫参加又脏又重的体力劳动，精神上、身体上受尽折磨。原来整洁、温馨的家在多次被抄之后已面目全非。接着，全家从原来两层楼房搬到了学院西区的一间不到20平方米的破旧教室。那里除了父亲的书桌，四五个装满书籍的书柜和几张床铺外，已经摆不下任何东西了，原有的家具大半被丢掉或送人。之后，父亲被长期隔离审查，母亲去了"五七"干校。

父亲更在"文革"中几次肝炎复发住院，每次谷丙转氨酶都有近1000个单位。最后一次住院两个多月，肝功能指标还没能恢复正常。因为已经多次发病，年纪也已过六旬，医生和护士都怀疑他的肝功能是否能恢复正常。但父亲十分坚强，对自己说："我现在是住院，其他一切事情不用管它，一心一意医治肝病。保持平常心态，配合医生治疗，我不相信战胜不了疾病。"果然，肝功能指标最后一切正常，他奇迹般地痊愈出院。

几年后，父母在干校重新团聚。母亲在一次来信中说："今天是星期天——难得的休假日。天气非常好，灿烂的阳光，蔚蓝的天空。干校多数教师员工都到翁城镇逛街购物。我和爸爸洗完了衣服，也步行到翁城，购买一些日用品。我们已经很久没这样夫妻一起双双上街了。这样的团聚，使我感到十分温暖。爸爸说他可能要长期在翁源了，问我是否愿意在这里一直陪伴他。我虽然仍旧不适应农村生活，但我们会永远互相陪伴的，不管在哪里。"在最折磨人的逆境中，他们仍然对生活充满热爱和期望。他们的坚韧、耐心、乐观，终于迎来了持续了10年之久、噩梦一般的"文化大革命"结束，改革开放的春天降临中华大地。

"热爱科学，热爱农业，永不言弃"

父亲幼年生活在盛产沙田柚、荔枝的广西农村，由此对农业生产特别是水果栽培情有独钟。到美国留学后,他深感中国农业与先进国家农业的巨大差距,立志要为改变中国农业、农业科技的落后面貌奋斗终生。

1933年回国后,他一直从事农业教育事业,竭尽全力为国家培育农业教育、科学研究人才。他还想方设法克服战乱、资金、人员严重不足,缺少基本科研设备等种种困难,开展柑橘病虫害和水果贮藏技术研究。他在1936年及1942年发表的《柑橘贮藏试验》论文是我国最早的水果贮藏研究成果之一。

中华人民共和国成立后,华南农学院成立初期,要设立果蔬贮藏加工教研室。可是师资、设备、资料一无所有,几乎没有人愿意挑起这副吃力不讨好的担子。当征求父亲的意见,是否愿意领头建立这个教研室时,他毫不犹豫地就承诺了下来。他认为,发展我国的果蔬保鲜贮藏研究是他义不容辞的责任。在很长的时间里,贮藏加工的教学、科研工作十分不受重视,配备人员很少,而且资金十分短缺,很难开展工作。但父亲从未消沉气馁,他尽一切努力克服困难开设课程,开展研究,招收研究生。他团结全教研组人员,用果蔬贮藏加工事业在世界上的飞速发展作为事实为他们指明前途,鼓励他们不畏艰难,努力工作。"文革"结束后,他借改革开放的东风,运用自己深厚的海外关系,为贮藏加工教研组引进国外先进理念和技术,增加与国际的学术交流。随着国家经济的飞速发展,华农大的果蔬保鲜和采后生理研究已成为一个强大的学科,他们研究的果蔬保鲜贮藏项目还获得国家科学技术进步二等奖。

父亲早在美国留学时就开始思考中国的农业问题,一直在思索如何改变中国农业技术落后、人民得不到充足食品,特别是缺少高营养价值食品的问题。他很不同意将联合国的"Food & Agriculture Organization"中文译为"联合国世界粮农组织",认为这是中国人长期认为农业就是解决粮食问题的错误观念的表现。他认为中国农业必须种养并重,合理布局,全面发展,应根据土壤、地貌、气候、经济条件和生产习惯等划分农业区域,设立综合试验基地,引导农民发展多种经营。要用现代化手段改进作物育种和栽培技术,特别要提倡因地制宜,大力发展家禽畜牧业,为人民提供多样化的、营养价值高的食品。

他非常重视基础研究，认为农业的突破一定要采用新技术，而新技术的发明和提高离不开基础研究，所以他很早就介绍生化专家来华讲学，努力打通与国际交流的渠道。他主持添置了电子显微镜实验室、气调贮藏室和华农大中心实验室等基础研究仪器设备。这一切都说明父亲是一个全观性、前瞻性和开拓性的大学管理人才。

即使在"文革"的艰难逆境中，父亲仍没有忘记对事业的追求。他翻译介绍国外的滴灌技术，千方百计引进优良的牧草品种。为改变中国农业的落后面貌而拼搏奋斗的信念，从没有从他心中离去。

"爱国家，拥护共产党，对新中国充满希望"

父亲是一个坚定的爱国主义者。日寇侵华期间，他没有舍弃祖国，到国外躲避战火，而是在国内坚守教书育人的岗位。在抗日战争最艰苦的1940—1944年，他带领岭南大学农学院全体师生员工，撤退到广东、湖南交界的偏远贫困山区，继续办校、教学，直至抗战胜利。

与父亲在华南农学院住所前合影（1970年）

我祖父李济深是我国著名的民主爱国人士，父亲深受他的思想影响，痛恨国民党政权的反动、专制和腐败。

中华人民共和国成立前夕，父亲兼任联合国救济总署广东农垦处主任一职。那时，农垦处有大批拖拉机、收割机等农业机械及多辆重型卡车，国民党政府从大陆溃退前夕，命令农垦处将所有物资从广州装船运往海南岛。然而，父亲却一心要把这批物资留给新中国。为了拖延时间，他安排工作人员拆散所有农业机械和拆掉汽车的轮胎，之后对上头说各种机械要重新装配才能运走。不料，父亲遭人告发，他在一次去广州办事时被军统特务逮捕监禁。当时，国民党正慌乱地从广州撤退，被监禁的人绝大多数被处死。一个多年在我祖父手下做事的广西同乡与父亲同时被捕，以后就杳无音讯，生死不明。父亲当时的处境非常危险。幸得岭南大学校长陈序经等人四处奔波努力，才得以获救。

农垦处还有一笔资金存在香港一家银行里，农垦处的账号要由父亲和农垦处的会计两人盖章才能取出钱。广州刚解放，农垦处的会计逃跑到香港，从香港给父亲写信，诱劝父亲到香港共同瓜分这笔钱。对此，父亲严厉拒绝。他将自己的印章交给军管会，并协助军管会派人到香港，将这笔宝贵的外汇取了回来。

中华人民共和国成立后，全国人民上下一心，在共产党领导下意气风发，斗志昂扬，为改变中国贫穷落后的面貌而努力奋斗，社会治安和风气根本好转，国民经济迅速恢复和发展。从新旧两个社会和两个政党的对比中，父亲深切体会到，真正代表中国人民利益的是共产党，只有社会主义才能救中国。他对共产党表达了由衷的佩服和拥戴。

1956年，他加入中国民主同盟。当时他说过，其实他更希望加入共产党，成为共产党的一员。因此，在1957年"反右"斗争中，父亲被无中生有地扣上"反对党领导""向党夺权争权"的罪名，他是疑团满腹，百思不解，心里十分苦闷。有一段时间，他每天把自己关在楼下的一间房里，苦苦思索。

多年后，他和我谈到当时的思想状况时说："我对共产党由衷佩服，对中华人民共和国成立以来发生的变化从心底里感到高兴，我其实并没有多少意见要提。但既然毛主席发出号召，要大胆提意见，帮助党整风，使党更正确、更纯净，使国家发展更快，于是我抱着善意，也对高等学校党委制度提出一些改进工作的意见。对共产党的领导，我没有半点质疑，更不会有向党要权的思想。为什么说我反对党领导，向党夺权呢？我怎么也想不明白。"

"改革开放中发挥优势建新功"

"文革"后期,"农业院校必须搬到农村去"的"最高指示"一阵紧一阵地压向华农大,全校上下人心惶惶。不少老教授私下向父亲表示,他们已经没有任何信心和热情跟学院搬去农村,打算申请退休。父亲推心置腹地对他们说:"你们都是在各自领域有很大成就的领军人物,华农很需要你们,国家也很需要你们,将来还有很多事要靠你们做。搬还是不搬,现在还没有最后定论,不要急于申请退休,等一段时间再说,我看不搬的希望还是很大。"父亲的话,句句情真意切,很快打消了他们立即退休的念头。

"文革"终于结束,父亲凭着一颗对国家、对事业的赤诚之心,不顾年迈和身患严重肝病,不知疲劳地投入到学院恢复发展工作中去。

父亲在美国留学多年,足迹遍及4所大学。回园后在岭南大学教书达十七八年之久,桃李芬芳,社会关系广泛而深厚。在改革开放中,他十分注意利用这一优势条件,努力打通学院与国际交流的渠道。

1980年,父亲率农学院考察团到香港访问。当在香港的岭南大学校友问他需要什么时,父亲和母亲想到语言不通是当时对外交流的最大障碍,所以希望他们能为农学院筹集一套语言实验室的设备。令父母感到欣慰的是,在港的岭南校友们尽了很大努力,真的筹集到了一个语言实验室捐赠给华农大。

此后几年,在父亲的积极参与下,华农大争取到联合国亚太地区蚕桑培训中心主办权,争取到世界银行400万美元低息贷款,达成了与美国宾州州立大学农学院学术交流合作协议(包括取得美国政府资金协助),建立了全国农业干部培训中心。他主持建立了电子显微镜实验室、果蔬气体贮藏实验室和华农大中心实验室等基础科研设施,还多方联系推荐师生出国进修、作研究和留学。这一切,都为学校进一步开展教学和科学研究、提高华农大在国内外的知名度打下了坚实基础。

"文革"后的七八年时间,父亲好像有使不完的力气,用不完的精力,恨不得一天24小时地工作,把耽误了的太多时间都追回来。然而,他过

度的操劳，诱使肝病复发并迅速恶化，最终走完了人生旅途。

一生坎坷的父亲为中国的农业教育和科技不屈不挠地奋斗了半个世纪。"蜡炬成灰泪始干"。在父亲百年华诞时追忆他的一桩桩往事，我真切地感受到，父亲不就像诗中所描绘的蜡烛那样，燃烧到最后，发光到最后么？

"同人等只求于农学有所改进，于柑农有所裨助，于国家生产有所增益，则鞠躬尽瘁，险阻艰难，固认为分内事也。"这掷地有声的誓言，是1939年父亲在创建潮汕柑橘试验场与黄昌贤等进行柑橘育种及病虫害防治研究时，他与林孔湘、郑天煦、黄昌贤教授共同立下的。回顾父亲一生的轨迹，可以说他无愧地兑现了这个诺言。

九泉之下的父亲，您安息吧！

2006年6月于澳大利亚

秉承父亲的高贵情操

李慈君[①]

父亲是祖父李济深先生的长子，1906年9月1日（农历）出身于广西苍梧县大坡山乡料神村。父亲幼年在农村长大（直到1915年随我的爷爷奶奶去北京），耳濡目染农村田间生活，也曾参加一些农业劳动，对农业生产有感性认识。加之家乡盛产沙田柚、荔枝、香蕉、木瓜等，于是父亲萌发了研究果树栽培的愿望。我曾问过父亲："你为何选学农业？为什么不继承爷爷的事业，从政从军，或选学其他理科？"他说："除了本身有兴趣外，你爷爷忧国忧民的襟怀深深感染了我，事业的选择要以国家需要为重。所以想到要'农业救国'。"因此，父亲一生兢兢业业从事农业科学研究及农业教育，以振兴祖国农业、改变中国农业落后面貌为己任。

父亲曾经历了两次命悬一线的险况，但其临危不惧的表现源于祖父李济深"但令身许国"的爱国主义精神的影响与传承。1940年，岭南大学农学院从香港撤退到粤北坪石。当时，作为农学院院长的父亲在香港有个舒服的家，妹妹婉君也刚刚出生不久。但他以学校为重、以事业为重，毅然离开自己的母亲及妻儿这个"小家"，只身奔赴坪石，团结农学院全体师生员工，克服战乱的重重困难，使农学院在困难中得以生存，并继续招生办学。抗战后期，日寇做垂死挣扎，进犯粤北，企图打通粤汉铁路，坪石安全受到严重威胁。那时，祖父李济深已由桂林返回苍梧老家，发动和组织当地民众武装保卫家乡。母亲和子女也一同返乡。父亲则只身留在农学院，率领师生员工，辗转于粤北和湖南之间，与他们共甘苦、共患难。在他带领下，全院师生员工得以度过战争的艰险时期，而他自己因辛劳过

[①] 李慈君，李沛文大女儿，全国政协常委，北京市人大代表，中国地质大学教授、博士生导师。2006年2月病逝。

度，患了一场重病，几至不起，后幸得以痊愈。

1949年9月，国民党节节败退，准备逃离大陆。当时，父亲兼任联合国善后救济总署广东农垦处主任，国民党命令父亲将农垦处所有物资转移至海南岛。父亲早已对国民党的专制统治不满，渴望早日得到解放。且此时祖父李济深已到北平，与共产党协商建立新中国、筹备新政协等大事。父亲不顾个人安危，拒不执行国民党命令，暗中叫人将汽车和农业机械的轮胎及重要零件卸下，使这些物资无法转移。国民党当局了解到这些情况后，便在一次会议上将他扣留，关进监狱。幸得岭南大学领导、家人及社会人士多方奔走营救，国民党特务才未下毒手。父亲于广州解放前夕被保释回家，但仍被软禁，直至广州解放。和父亲同时被扣留的黎民任先生（父亲的表兄，曾任祖父李济深的秘书）则在广州解放前夕被国民党特务以拴石沉江的残忍方式杀害。

我是家中的长女，最早受到父母的宠爱，也最早接受父母的教诲。小时候，因为父亲是岭南大学农学院院长，家中生活相当优裕，但父亲没有因为家庭的优裕环境而溺爱迁就我们。1952年，我还不满15岁，父亲就让我和妹妹婉君（当时才12岁）俩人与几个年龄相仿的小朋友结伴坐火车去北京读书。当时中华人民共和国成立才几年，整个国家还不是很稳定，从广州到北京要坐五六天火车，中间还要在武昌下车，坐船过长江到汉口再买火车票去北京。这个旅程对我们一帮还不到15岁的中学生的确是一大锻炼，使我们更快适应在社会上独立面对人生。

1954年，我高中毕业，在同班同学中，我的成绩名列前茅。父亲原希望我考清华大学。当时新中国刚完成土地改革、镇压反革命、抗美援朝等大运动，开始步入大规模建设国家、发展经济的轨道。当时，作为经济建设的基础产业——地质采矿科学人才奇缺，国家号召青年学生投身地质探矿事业，为国家经济建设当尖兵。怀着响应国家号召的满腔热情，我报考了新成立的北京地质学院。父亲知道我的决定后，不但没有反对，反而对我说："你有献身地质探矿事业的想法很好，既然有了决心，就干一行、爱一行，把自己全部精力投身进去，要学得深，干得出色。"父亲的话给我很大鼓舞，在以后的几十年里，我一直遵循他的教导，把自己的全部力

1961年回广州探望父母亲时全家合影
（前排左起：朱思贵、母亲、父亲、李树芳，后排左起：李淑君、李慈君、李婉君）

量奉献给中国的水文地质事业。

  1999年年中，由于治疗处理的失误，我爱人朱思贵在住院期间突然昏迷不醒，成为植物人。这有如晴天霹雳般的打击，使我陷入了极端痛苦和万般无助的境地。那年，我刚被选为全国政协常委和全国政协人口、资源、环境专门委员会委员不久。在地质大学，我还担任水资源与环境工程系系主任，带有十几个博士、硕士研究生。校内校外工作负担都相当繁重。朱思贵昏迷不醒后，他住院、日常照顾、治疗上还有一大堆事情需要处理。这一切有如泰山一般沉重地压在我肩上，使我直不起腰。晚上，拖着疲惫不堪的身体回到家，面对黑暗中空无一人的房间，我甚至想对自己说："我已经没有力量应对这一切了，辞去政协和系主任工作，专门照顾朱思贵吧！"当我的目光落到柜面上父亲的遗照，看到他那慈祥而又坚毅的面孔，想起父亲一生所经历的险阻艰难：抗战时期在坪石染恶疾几至不起，广州解放前夕被国民党特务监禁而九死一生，"文化大革命"期间备受侮辱、摧残、折磨，几次肝病恶性发作住院。这一切都被他坚强的意志、乐观的态度及对困难永不言弃的拼搏精神，一个又一个地战胜了。我应该学习他的精神，用他坚毅认真的态度对付一切困难，这样才不愧为李济深的孙女、李沛文的女儿。想到这些，我好像一下子有了无穷的力量，勇敢面对一切困难，并坚信自己有办法战胜它们。

  自那以后，我在照顾好昏迷不醒的爱人的同时，积极参与全国政协的各项参政、议政及调查研究工作；带出了几十位博士和硕士研究生，水资源与环境工程系的教学、科研工作也井井有条地顺利开展；我还发表了多篇学术论文，对我国西北地区水资源开发利用的战略决策提出了建议。

  我今天所取得的成绩和荣誉，都是父亲的教诲和在父亲的榜样影响下取得的。

  爸爸，您女儿没有辜负您的养育和教导！

2005 年 11 月于北京

怀念爸爸
——您令我与音乐结下不解之缘

李婉君 [①]

爸爸您喜欢音乐，尤其是古典音乐，您很喜欢《少女的祈祷》这首钢琴曲，我6岁时您就让我和姐姐学琴。记得当时家里买了部钢琴，令我很惊喜，从此爱上了弹琴。为了鼓励我学琴，您在百忙中还让我教您一曲《山小菜》，没想到您竟然很快就能双手配合去弹奏，给了我很大鼓舞，令我更喜欢弹琴了。放假时，您教我安排好时间，练好琴才去玩。您鼓励我和姐姐经常去参加表演，还去电台录音。我对音乐的爱好随年龄而增长，这是小时候您播下的种子。每当听到悠扬的琴声，我心里有说不出的快乐。音乐令我忘记烦恼，更是我力量的源泉。

记得您胃溃疡经常发作，要半夜起床吃东西，但第二天仍精神焕发地投入工作。您还患高血压，肝炎也多次复发。您一生奉献，忘我工作，为我树立了典范。在您的熏陶下，我把全部心血贯注在钢琴教学上。为了使学生得到表演的机会，我经常为学生筹办演奏会。在一次演奏会上，您的老朋友胡秀英教授说："婉君把她对音乐的爱好转化为对学生的培养，她的父母在天堂听到这音乐都会高兴地微笑。"的确，您希望自己的孩子能开演奏会。现在，我能让音乐伴随我的学生健康成长。他们在香港校际音乐比赛中获得优异成绩。有的学生曾获高级组冠军，有的外出交流演出，更有的以音乐为终身职业。这使我感到非常快慰，就让音乐成为您生命永恒的祝福吧。

在您百年纪念之际，我和凤琪写下这首《百年长生歌》悼念我们的好爸爸。

[①] 李婉君，李沛文二女儿，上海第一医学院药学系毕业，原广州铁路医院药剂师，先后移居香港、加拿大。

百年长生歌
——悼念终生忘我的好教授、好院长、好爸爸

雪峰青松浪淘沙	匆匆百年多潇洒	年少求知飘远洋	业成故里育新芽
倭寇犯境山河碎	荒岭执教卧病榻	驱出外患内战起	为保校园牢坐塌
江山易主云雾散	神州大地兴桑麻	赤子满怀富国志	毕生智能贡献她
院系并立农学院	农技队伍要强大	创办管理农科所	农业必须现代化
长空瞬间风云变	"左"风劲吹起风沙	应邀为党畅进言	忠言语出遭封杀
别离妻儿被流放	帽子顶顶往下压	严父万里不相见	酸甜苦辣强咽下
人祸天灾挺过去	"文劫"坑儒更可怕	知识文化皆有罪	弃洋归国嫌疑大
科技教学"白专"路	批斗抄家遭关押	向党交心成罪证	各种罪名一起压
莫须有罪不胜数	独自横眉冷对它	知识财产全夺去	没收尊严毁了家
贫病交迫无去处	丘傍农舍暂住下	回首半生无憾事	处境不如牛和马
吃下粗粮和野菜	供出甜奶和鲜花	问苍天我应如何	天地间无处容纳
寒夜茫茫人亦倦	似乎大地现彩霞	发还自由和尊严	伤透的心重奋发
科研教学夜继日	重为地球添新画	集资捐赠语言室	保鲜冷库统筹划
上为领导授科技	走遍岭南频巡察	树上果子田里瓜	地上庄家园里花
增产保鲜防病虫	引进技术请专家	科教行政全策划	废寝忘食旧病发
日忙无暇去求诊	夜拖病体把针扎	肝炎心疾高血压	缺医少药身体垮
身处病房心牵挂	点滴床边谈规划	一生忘我为人人	谦卑豁达无上下
壮志未酬身先逝	心血耗尽回天家	天怜英才泪成雨	地惜栋梁山河塌
国家痛失好儿女	大学失去好管家	田园少了开拓人	儿女永失好爸爸
长年心血没枉费	成就造福亿万家	儿女子孙均成才	育成桃李普天下
恩怨是非随烟去	永驻天国安息吧	忍耐宽恕和盼望	无私无畏永光大

女婉君、婿凤琪敬颂

怀念爸爸

1969年与父亲在烈士陵园合影
［左起：李婉君、李树芳、李咏梅（手抱）、李凤琪、父亲、李淑君］

和爸爸在一起的日子

李淑君[①]

"邓灰"的故事

我是家里最年幼的孩子。因为两个姐姐在念中学的时候就被父母送上北京念书，所以我和哥哥便成了家中与父母相处时间最长的孩子。在我童年美好的回忆中，除了那一片茂密的竹林之外，便是鸟语花香、清幽美丽的大学校园了。伴随我童年的，是家里的鸡呀、鸭呀，还有偶尔逮到的小鸟或蟋蟀、螳螂什么的，那小花猫之辈，则是每家不可缺少的"成员"……多少生动有趣的情景，都构成了对童年生活的美好寻味。然而，一只普通的小灰兔以及它那短暂的小生命，却带给我对父亲永不忘怀的追忆。

也许是爸爸了解女儿对小动物的情有独钟，一次很"奇特"的机会，当爸爸喜气洋洋地把朋友给的一只小灰兔带回家里的时候，我有说不出的惊讶与雀跃！"我们得给它起个名字，"爸爸说。"让它姓邓吧！"看着这只胖墩墩的可爱的小兔子，我当时的脑海里，我马上联想起一年级那位笑容可掬的胖胖的班主任邓老师。这小兔子已经完全人形化了。"就叫灰吧！它长着灰色的绒毛。"我这脱口而出的决定，马上得到爸爸的赞同。"好！"就从那刻起，这只可爱的毛茸茸的小灰兔，便成了爸爸与我的"好朋友"。

还记得那时候，我的睡房是和爸爸的书房合在一起的，我的床就摆在爸爸书桌的后方。每天一大清早，天还没亮，爸爸便已起床，他每天的开始，便是坐在这书桌前，边收听中央台新闻节目，边伏案工作。而我，总

[①] 李淑君，李沛文小女儿，中山医学院毕业，原广东省人民医院儿科医生。1981年移居加拿大，从事医药研究和针灸工作。

是折腾好一阵子才肯起床上学。为节省我那分秒必争的宝贵时间,爸爸还把我的早餐安排在他书桌边一块可以拉出来的小板案上。有一天,我醒不过来,爸爸怎么努力也徒劳,他突然灵机一动,抱来了小邓灰,边笑边说:"豆豉女(我小时,爸爸曾给我先后起了几个昵称:B妹、豆豉、小不点儿、钓鱼女),你看,邓灰来了,要同你玩呢!"我立即从床上蹦了起来,看见爸爸手抱着邓灰,还摆动着它的前腿在向我招手呢!父女之情,就在这共同的喜乐之中交融在一起。之后,有好些日子,爸爸都请来小邓灰为我催醒。只可惜,我因缺乏照管兔子的经验,小邓灰患了奇痒的皮肤病,爸爸替我找了兽医给它开了黑豆馏油膏搽抹,但小邓灰因为舔脚食入过多药物后不幸中毒死去。伤心的我和爸爸决定好好安葬它。我们小心地把它葬在后院的芒果树下,还立了一块小碑。那年,这芒果树获得前所未有的丰收,黄澄澄的100多个芒果结满了一树。我想,或许这就是小邓灰的功劳吧!

几年以后,我中学毕业,在选择读什么大学时,我征求爸爸的意见。在询问了我对各学科的兴趣之后,爸爸便说:"你对事物的观察力很强,很细致,你就去学医吧!"咱们李家,这么个大家族,学医的人真是少之又少。我对爸爸这种决定很是诧异。但在以后的几十年人生历程中,我是一次又一次地感谢爸爸为我指明的这条人生道路。直至出国以后,在从事了10年医学科学研究工作之后,我还是因为留恋治病救人的临床实践而开设了自己的中医针灸诊所,又可以重新把自己的学识及爱心倾注于为病人的服务之中,其中那种为人解除疾苦所得到的回报是金钱所不能替代的。

从不言败 永远做生活的强者

爸爸的兴趣很广泛,爱摄影、旅游、庭院设计、运动、音乐等,尤其钟爱古典音乐。他在与我大姑(他妹妹)留学美国时,大姑抽奖时很幸运地中了一辆小轿车,因此爸爸得以学会开车并与大姑一齐游历了美国好多地方。我还依稀记得爸爸沿途拍摄的几张小35寸北美小松鼠的相片。我想,旅游、摄影及音乐,均是在北美的学生生活中养成的,而运动,对于爸爸来说,则有着更深层的意义,那是一种需要。爸爸的体育技能并不出色，但是，为健身治病，他十年如一日地跑步、骑自行车，还做柔身操（那是他为治疗自己的腰痛病而自编自练的）。家住市郊，看专科医生不易，爸爸的高血压、胃溃疡、肾结石、鼻炎等多种疾病，都是意志加科学的治疗得以控制的。

而最顽固及对他生命威胁最大的慢性肝炎，他都曾先后5次成功战胜了病魔。记得第一次肝炎复发，正是"文化大革命"刚开始受打击最严重的时候，当时完全不可能有任何特殊待遇，但恢复时间却比同期住院的一位天天煲汤水保养的年轻人还快！第二次复发，则住进了中山一院传染区。因为他的"反动学术权威"身份，他很自然地便成了单纯依靠中草药治疗的试验品：没有食用一颗维生素，更没有任何静脉补液治疗，而他又以最快的速度复元了！当时，医院还组织了一次毛泽东思想讲用会，以他为楷模呢！再后来的两次肝病复发，他都奇迹地康复了。以当时爸爸60多岁的年纪，加上这么频繁的复发，医生的临床判断应该会是肝硬化了。但他们却惊奇地发现，爸爸的肝脏并未出现如此变化。1969—1982年，整整13年时间，爸爸的肝炎一直处于静止恢复期。一如既往地，他没有依靠任何药物，也没有依靠任何特殊营养（根本无此条件），唯一所做的，就是持之以恒的跑步运动。爸爸的这种坚毅的意志力和自强不息、从不言败的精神，体现在他对待疾病的态度上，也贯穿在他的一生中。中华人民共和国成立前夕，他被国民党抓进狱中受尽精神折磨，1957年"反右"后被遣派下放到惠阳汤山农学院分院的几年艰苦生活，乃至"文化大革命"的非人政治迫害及干校农场的体力劳动磨炼，他都一次次地挺过来了。作为他身边的孩子，我们从未听过爸爸半个字的申诉和抱怨。即使在最残酷最严峻的日子里，他和妈妈都是用一种特有的坚定及自信的微笑面对我们。记得在1967年那些最恐怖的日子里，每个周末，我都怀揣一颗高悬着的忐忑不安的心，回到从两层小洋房被迫迁到西区一间房的"家"，心里万分恐惧，担心会看见我的双亲或许已经不在了，或许会悬吊在家里……我几乎没有勇气去看我的那个家！可当我一步步地走近了，我抬眼见到的，是双亲那永远露在脸上的平安祥和的笑容！！！我心头上的那块冰，一次又一次地被他们那永远洋溢着的、对生命的强烈执着和热爱的温情所消融、化解。

至今，爸爸妈妈在非人时期里所绽放出的、具有巨大生命力的笑容仍历历在目，永不泯灭！

我到现在也不知道爸爸如何能够在没有任何人帮助的情况下，在一天之内将一座两层小洋房的家，搬到华农"西伯利亚"不到 30 平方米的小房间来。他把这小房间用家具划分成两间"房"，全部衣箱放在铁架床下，最好的书柜、家具都送给了亲戚或老保姆。没有厨房及浴室，他和妈妈则用塑料布把过道围起来，并中央分隔，一边是厨房，一边则是洗浴间。而原来过道边上的水渠，正好变成去水道了。哈，好一个物尽其用的设计！我真佩服爸爸这种顽强的生活能力及对困难的应变能力。试想，爸爸能够亲手创立一所学院，创办一个全国一流的水果冷藏加工贮藏库，对于家里这点小设计，真是小菜一碟了。对于我来说，所学到的，不仅仅是这种设计能力和这种魄力，更是为父亲这种"不为生活所折服，从不言败，永远是生活的强者"的精神深深震撼了。

1970 年，我从医学院毕业，被分配到贵州最贫困的苗族布依族山寨当医生。当时，那小村寨还没有通汽车，要坐一整天的马车翻山越岭才能抵达，更不用提什么电灯、自来水和大米、青菜了，这些东西在那里都成了生活上的奢侈品。爸爸，正是用他那种一如既往的积极人生观鼓励我。他的第一封从干校发给我的信就这样写："勇敢飞翔吧，我的小雄鹰！……"在以后的日子中，我曾难免流露出一丝的悲观情绪，爸爸马上来信勉励我："淑君女，不要忘记你是一个天性乐观的孩子，不要让艰苦的生活改变你的天性！"正是继承了爸爸的积极人生观，我经受住了贵州 4 年艰辛生活的磨炼。而在以后异国他乡的艰难拼搏中，亦是靠这种精神的支撑，我们排除了一道道困难，在新的国土上打下了坚实的根基，建立了理想的生活。我们的两个孩子，也从我们身上秉承了这种人生哲理，在她们的人生道路上，奋发向上，不断向更高目标勇敢攀登！

平易近人　海一样的情怀

爸爸很善言辞，并富有表达力。我想，这与他的语言天赋有关。他与他的两位妹妹都能讲一口标准的普通话及相当不错的英语。记得我小时候,爸爸从汕头出差回来,天天口里都念着"席、挪、蛇、西、凹、勒、唧、boy、交、汁"。我一头雾水,弄不清爸爸在讲何方语言?爸爸则笑着说:"这是潮州话里的1、2、3、4、5、6、7、8、9、10;'吃饭',就叫'席板',还有……"如此这般,自然,我与哥哥也就兴趣盎然地跟着学开了。又有一段日子,爸爸嘴里常挂着几句上海话。而20世纪50年代初的一段时间里,广西家乡话总是缠绕耳边。爸爸爱语言,更具幽默感。我还清晰记得那为数不多的几次父亲与多年老朋友相聚的美好情景,他们充满幽默感的谈笑,儒者优雅的议事论事,往往使得在旁倾听的我如沐春风,如痴如醉。

尽管爸爸出身高贵,但他从未以身份炫耀;相反的,他十分注意与同事、学生,乃至下级工作人员打成一片。他在当时岭南大学的师生中颇受尊敬。"文革"时期,他被遣放到农场劳动,几位了解他的老工人与他十分亲近,互相照顾;当他去世的消息传来时,那几位老工人无不哀恸不已。

1973年我和陈思轩结婚时与父母亲的合照

有一位爸爸早年的老朋友，在一次主动帮助爸爸从城里搬运他最心爱的柚木大书桌回石牌的路上，因照料不周，捆绑书桌的粗麻绳把昂贵的书桌面磨出两道深深的沟。这是根本无法修补的损坏！我知道这事会使一向十分珍惜家具的爸爸痛心。但完全出乎我意料的是，爸爸并未向那个朋友讨说法，而是默默地立即设法买来一块橡皮胶垫，把那张重度损坏了的书桌面盖起。从这张书桌到我家的第一天直到爸爸去世，我还从未有机会见到它的庐山真面目，也从未听过爸爸在我们面前对他朋友的半句批评。几十年的世态炎凉，风风雨雨，爸爸对那位朋友从未反目以待，更未利用职权打击报复。后来，我听那位朋友的孩子告诉我，他父亲在病重时曾嘱咐家人，他的追悼会要请李院长亲自主持。没想到的是，爸爸竟先他而去了。记得那天我们整理爸爸的书桌，带着几分好奇，我挪开了这块"遮羞皮"，眼前所见的桌面惨不忍睹。我惊呆了！我太了解我的爸爸了，他对于任何东西，一本书，一件家具，哪怕再小，他都小心翼翼，好生保护。书架上的书，总是整齐有序，一尘不染。小的时候，我总为有资格替爸爸整理书架而自豪。面对眼下这面目全非的书桌，我的双眼充满了泪水。我感伤这桌子的不幸，但最深深触动我灵魂的是我爸爸那颗高尚的心，那颗宽容的、有着海一样情怀的心！

爸爸离我们而去整整21年了，他在我们心中的形象始终是那么高大、伟岸，耀耀生辉！他的一生，为国家、为人民、为华农大、也为他的家付出这么多，可他，从未遗憾过，也从未要求过。

有父如此，夫复何求？！我感谢上苍赐予我如此完美的父亲。

2006年6月5日于加拿大

爸爸的一封信

李沛文

淑君女：

从电报里知道你被分配到贵州，我祝贺你！这是你工作的开始，并且是在我们祖国目前及将来最重要的大后方的省份开始。贵州一定会成为我们祖国一个很重要的地方。听说很多工厂已经搬到那里，这说明祖国对这个地方的重视。这正是年轻有壮志的毛泽东思想哺育下的年轻人大有作为的地方。展开双翅飞翔吧！小雄鹰！

我们希望你出去后要善于安排自己的生活。这是我和妈妈最挂心的一点。健康是革命的本钱，要重视这本钱。你能够这样做，我们就放心了！

纸短情长，很多话都没时间写了。

家里的小钢锅你合不合用，我老是把它同你联系在一起。我很想送给你，不过不知时间容许你取得它否。

好了。

祝在毛泽东思想指引下成长，发出光辉，为人民服务！祝福你健康！

爸爸

1970. 8. 9

宾夕法尼亚州州立大学农学院院长史密斯的唁函

Mrs. Puiman Lee

South China Agricultural University

53 Residential Section

Guangzhou, The People's Republic of China

Dear Mrs. Lee,

It was with a deep sense of personal loss that we heard the news of Dr. Lee's death. Professor Lee was a personal friend and a strong supporter of professional linkages between South China Agricultural University and The Pennsylvania State University.

We remember with warm regard the key role played by Dr. Lee in renewing relationships between our two universities in the late 1970's. His tireless effort was a major contribution in facilitating the travel of Penn State's now retired President to South China Agricultural College to sign a renewal linkage agreement.

We all appreciate the professional contributions and enjoyed the personal associations with Dr. Lee during his trips to the United States and his visits to Penn State University.

In addition to the loss of a great friend of Penn State University, I feel the sadness associated with the loss of a personal friend. I remember with pleasure your gracious hospitality during my visit (with Dr. McAlexander) in November 1982, but even then there was a hint of sadness because of Dr. Lee's hospitalization at that time.

On behalf of Penn State's College of Agriculture and as a friend of Dr. Lees, we accompany you in your sadness.

With our deepest sympathy.

Sincerely,
Samuel H. Smith
Dean
On April 25, 1985

译文：
中华人民共和国，广州
华南农业大学住宅区 53 号
李沛文夫人

李夫人：

  李博士逝世的噩耗传来，本人深感蒙受巨大个人损失之痛。李教授是我的挚友，也是华南农业大学和宾夕法尼亚州州立大学校际联系强有力的支持者。

  20 世纪 70 年代末，李博士在恢复两校关系中发挥了关键作用，历历往事我们难以忘怀。当时的宾州州立大学校长能顺利访问华南农业大学并签订恢复校际关系的协议，主要就是他不懈努力的结果。

  我们对李教授的美国之行和访问宾州州立大学期间卓有成效的工作无不表示钦佩，同时我们很高兴在此期间与他建立了良好的私人关系。

  李教授的逝世，不仅使宾州州立大学失去了一位伟大的朋友，而且使我个人失去了一位良友，为此我深感悲痛。回忆起 1982 年我（与 McAlexander 博士）访问贵校期间您给予的热情接待，点点滴滴至今仍令人愉快。但当时隐约有不祥的预感，因为李博士当时就因病在医院接受治疗。

  谨代表宾州州立大学农学院并作为李博士的朋友，我们与您同哀。
  并致以深深的同情。

真诚的
塞缪尔·H. 史密斯 院长
1985 年 4 月 25 日

宾夕法尼亚州州立大学农学院院长史密斯的唁函

追忆我的外公

朱励红 [1]

想想外公离开我们已经整整 21 年了，但这些年来外公慈祥的面容却时常浮现在我的眼前。有时手捧着外公亲手给我拍摄的照片，看着照片上外公留下的熟悉的笔迹，我仿佛又回到了过去的岁月，又听到了他老人家的轻声教诲。

在我的记忆中，外公是一位非常和蔼可亲、知识渊博的老人。记得我 12 岁那年，由于父母工作繁忙，我被从武汉送到广州外公外婆家居住，在那里开始了我的中学生涯，并与我亲爱的外公朝夕相处了 3 年。那时，外公在担任华南农学院副院长的同时还要进行很多教学和科研工作。但不管工作有多忙多累，他每天都是笑容可掬地对待所有的人，包括家中的两位保姆。我们家中每位成员遇到困难和矛盾时，总是去找外公出面解决，甚至家中的两位保姆之间闹别扭都要找外公评理。在我的印象中，我极少见外公发脾气，他大度、开朗的秉性和积极乐观的生活态度让我终生难以忘怀！

记忆中有两件与外公相处的小事至今让我不能忘却。因我从小在爷爷奶奶身边生活了 8 年，对自己的爷爷奶奶感情非常深厚。12 岁那年第一次在外公家过春节，我偷偷地把外公他们派发的春节利是大红包，分文不剩地邮寄给了自己远在青岛的爷爷奶奶。可生怕外公知道后会责怪我，没敢把这事告诉任何人。让我意想不到的是，外公发现了这个秘密，他非但没有任何不高兴，反而摸着我的头，夸奖我是个懂事、有爱心的小女孩！

记得 15 岁生日那天，我因为面临即将升学考试的压力，就去向外公抱怨自己在学习中遇到了解决不了的困难。那天，外公和我深谈了很久，

---

[1] 朱励红，李沛文的外孙女。

1981 年 8 月，全家游从化温泉
（中间穿粉红裙子的女孩为朱励红）

那是头一次听外公跟我讲他人生中遇到的各种磨难。他是爱国民主人士李济深的长子，广州解放前夕，因为拒绝执行国民党政府撤退农垦处物资的命令，遭国民党军统特务逮捕监禁，与家人失去联络，差点儿被杀害；"文革"中又被打成"牛鬼蛇神"，历经游街、批斗、剃"阴阳头"等非人折磨，身心备受蹂躏。他反复讲，真希望时光能倒流 10 年，国家和自己的人生不再经历"文化大革命"的磨难。至今，我对当时外公讲话时的语气和眼神仍记忆犹新！他告诉我："人生之事十有八九不如人愿，一定要积极面对困难，不要气馁、妥协。"

亲爱的外公，我想告诉您，您的言传身教，让我终身受益，您豁达的人生态度和谦逊的品德是我一生追寻的目标。

外公的音容笑貌让我永远无法忘怀，他老人家将永远活在我的心中。

回忆大伯伯李沛文

李惠君[①]

沛文大伯是我父亲沛金的哥哥,"大哥哥"是广东话的尊称,其实他就是每个人的大哥哥。整个大家庭,包括我的祖母,都习惯称他为"大哥哥"。他是名副其实的"第一儿子"。

我的父亲比沛文大伯小 10 岁。父亲曾经告诉我,他小的时候,每当看到沛文大伯准备上学的时候,他就会带上装了几本书的小书包,说:"我想和大哥哥一起去上学。"

我长大后和祖父住在北京,而沛文大伯住在广州,所以我没有很多关于大伯的个人故事。我对他的了解大多来自家庭故事或照片。我知道祖父和祖母很大程度上依靠他来帮助管理家庭事务,因为我们的家庭是一个大家庭,祖父一直在外打拼,努力为打造和建设一个新的现代中国而献身。

父亲告诉我的一个特别的故事是,他非常感激大哥哥的帮助,使他能与我的母亲团圆。我父亲当时在香港见过我的母亲,并且爱上了她。不久之后,日本入侵香港,我们的家人不得不撤离到桂林,但我的母亲和她的家人还留在香港。有一天,我父亲只简单地对沛文大伯说了声:"大哥哥,我的女朋友还在香港。"沛文大伯一听,毫不耽搁,立即行动,竭尽全力安排我的母亲来到桂林,使我的父母得以在桂林共结连理。两年后,我的哥哥出生了,再两年后,有了我。所以我也永远感激我的沛文大伯。

我在 1962 年离开中国,与在美国的父母团聚。1976 年,第一次回中国探亲,我为此欢喜雀跃,沛文大伯也对我的回去兴奋无比。当时正是尼克松总统访华后不久,中美两国重新建立了外交关系。当时中国还是一个很穷的发展中国家,物质非常匮乏。人们特别渴望得到缝纫机、自行车等

[①] 李惠君,李沛文的侄女。

生活用品。大伯问我能否为他带回几件物品，比如一个大的彩色电视机。但最重要的是他要我为他的孙子伟伟带奶粉，他希望孙子得到成长所需的最好营养品。沛文大伯非常疼爱伟伟，喂他吃饭，和他一起玩，带他睡觉，做一个爱心祖父所能做的一切。大伯和他的孙子关系如此亲密，以至于很难有机会带我去观光，因为伟伟不会让爷爷离开自己。大伯不得不让我先行离开家，然后他试图从后门偷偷出来和我会合。

沛文大伯从他的工作中抽出宝贵的时间，和我一起度过难忘的几天。他带我去看了广州及周边地区的著名景点。其中最有名的是孙中山纪念堂，那是祖父主持筹划和兴建祖国事业的地方，并为此立下了奠基石。我们就在雕刻着祖父精心题字的奠基石旁照相留念。

提到照相，沛文大伯非常喜欢摄影。他有一部很好的相机，可以手动设置曝光时间和光圈，以便拍摄最好的照片。有一天，我们去了一个公园，看见一个三四岁的小女孩，穿着可爱的中式服装，在树下跳舞，一群人在观看她表演。大伯马上拿起相机调光圈、调曝光时间，然后对焦，就在按下快门的那一瞬间，女孩发现了，停止跳舞，并立刻把背转向我们。而我用我的傻瓜相机已在这之前及时拍下她的照片。为此我们都大笑起来。

沛文大伯是一个有极大爱心的善良人。作为"第一儿子"，他总是把大家庭的利益放在第一位，而把他的个人利益或他自己小家庭的利益放在第二位。"四人帮"垮台后不久，国内有海外关系的人竭力想离开中国。大伯写信给我父亲，问他是否能协助我的姑姑去美国，而不是他自己的3个女儿或他唯一的儿子。

试问，你还能找到别的任何人，如此无私和高贵吗？

怀念最亲爱的大哥哥

李筱林[1]

大哥哥离开我们30多年了,但他和大嫂对我的照顾和帮助让我永远铭记在心。

我当年因为去妈妈的老家广东顺德插队,所以与在广州的大哥哥有了很多接触。大哥哥时常对我说,爸爸去世时我们都小,后来又经历了很多苦难,没能像他们年轻时那样得到家里很多的福荫,可以去美国留学、去欧洲度假。他常对我说长兄如父,他要照顾好几个幼小的弟弟妹妹。

插队回京后,大哥哥接我去广州。有生以来第一次坐飞机是大哥哥为我买的机票。

大哥哥和大嫂为我规划前途,请求筱梅大姐姐帮助我去美国。那时,大姐姐和我从没见过面,对我没有任何了解,而大哥哥与大姐姐一同在美国留学,感情很深。大哥哥为了能让大姐姐接受我,打消她的顾虑,做了很多工作。大嫂还每天亲自教我英文,煮饭给我吃。我至今还记得大嫂煮的美味的田鸡饭。那个时代能够出国,是多少人都渴望的事情,而大哥哥、大嫂没有为自己的儿女去争取这个唯一的机会,而是把它给了我,也因此改变了我的人生。大哥哥和大嫂是那么的无私和伟大!

"文革"中,大哥哥和大嫂受到很多磨难,被关入"牛棚",送去乡下。记得我在顺德插队时,去广州看望大哥哥,那时他好像刚刚回城,还没恢复工作。每天白天都有工作组的人到家里来,要他交代问题。记得有一天我陪大哥哥去广州市区办事,大哥哥带我去了一家餐馆吃饭,同桌的一个人见到大哥哥就无端端地骂"臭老九"。我很为大哥哥难过,但他反倒安慰我。虽然受到那么多残酷非礼的对待,但他没有放弃对自己工作

---

[1] 李筱林,李沛文的妹妹。

的责任和坚持，总是以乐观、坚韧的态度面对逆境。记得他白天要应对工作组的人，晚上都在辛苦地翻译国外文献，编写教材，废寝忘食。大哥哥为中国的农业发展和教育做出了巨大的贡献。

　　大哥哥学识丰富，记忆力过人，性情幽默又平易近人，乐于助人，心地善良。记得我曾经拿《英汉辞典》随意挑出任何英文单词，没有一个单词是他不知道的。小时候大哥哥来北京开会，我拉着大嫂玩，不小心吞了个橘子核，我很担心，告诉大嫂我咽了个"Hu"，大嫂听不懂什么是"Hu"，就请求大哥哥帮忙。大哥哥对我说那很好呀，以后筱林的肚子里就会长一棵橘子树，就有很多很多橘子可以吃了。很多年后，大哥哥还向我提起这件往事。我也记得在我学大提琴时，国内买不到教材，大哥哥就请家里的朋友陈海鹰在香港买来给我。我在大哥哥家中时常见到老师、学

在北京西总布胡同公馆合影
［前排左二李筱林，前排右一李沛文；后排右一李筱莉（手抱）］

生,甚至工人有事来请大哥哥帮忙的,他从来都不摆架子,对他们都非常客气,尽全力为他们提供帮助。我在洛杉矶有一次去花圃买植物,老板告诉我他是广州来的,以前在华南农学院。我告诉他我的大哥哥也是华农的,叫李沛文。他马上告诉我他来美国时还得到大哥哥的帮助,为他写过推荐信。

大哥哥很喜欢摄影,我年轻时很多照片都是他为我照的,而小时候很多与爸爸、太太、妈妈一起的照片是同样喜爱摄影的八哥为我们照的。他们都为我们留下了许许多多珍贵、美好的记录。

1985年4月16日,公司派我去广州参加广交会,到广州后我即打电话去石牌,得知大哥哥身体不适住院了。因为当天公司有事不能请假,就约了第二天去医院看望大哥哥,却万万没想到大哥哥突然去世了,现在才知道大哥哥在去世的半小时前还在工作。没有能见到大哥哥最后一面,是我终生的遗憾!

短短的文章不能尽述我对亲爱的大哥哥和亲爱的大嫂的无限感恩与无尽怀念。

妹妹李筱林于洛杉矶
2017年4月25日

回忆大哥哥

李筱莉 [1]

随着年龄的增长,我对大哥哥的理解、欣赏、钦佩和怀念之情也随之增长。回忆起点滴往事,尽现他品格的高尚。

1959年父亲去世时我们兄弟姐妹5人,大的9岁,最小的我只有2岁,母亲养育我们可谓不易。常言长兄为父,大哥哥对我们的成长不仅挂在心上,且付诸以行动。

多年来,他每次来北京出差或是来参加全国政协会议,必抽时间来西便门家里探望我们。不记得他和妈妈谈些什么,只记得每次他都来家里吃饭,妈妈准备了一桌的美食,我们都高兴得像过节一样。时过多年,干妈(徐阿姨)和我谈起,说大哥哥为人厚道,每次来时都专门向她道谢,谢谢她陪伴我母亲和照顾我们,每次走时都会给她5元钱作为酬谢。她说大哥哥是少有的懂得尊重"下人"的人。

在我出国之前,大哥哥为了让我可以更好地学习英文,在很少有私人乘飞机旅行的1978年,给我寄来了北京至广州的机票,接我到石牌小住,让我有机会向大嫂学习英文。这是我与大哥哥大嫂相处最多的日子。那时我连衣服都不会自己洗,大嫂见到我洗衣服把手搓破了,就亲自帮我洗。记得我帮大嫂摘豆芽菜,随着她把每一根的须须都摘掉。让我印象深刻的是一次和大哥哥在校园里散步,碰到个大哥哥的熟人向他打招呼。他高兴地向那人介绍说:"这是我最小的妹妹。我们同父异母,我们年纪相差了半个世纪有多……"

我最后一次见大哥哥是他20世纪80年代初来洛杉矶访问。岭南大学同学会为大哥哥的到来在中国城的金龙酒楼相聚一堂。席间,大哥哥站在

---

[1] 李筱莉,李沛文的小妹。

几桌之间介绍学校的情况和他的研究成果。他讲到他的柑橘新品种，讲到荔枝保鲜，讲得津津有味。那是我亲眼见他对他的工作有多么大的热情，见到他讲话有如此的感染力。还记得那次我问大哥哥有什么东西想要带回中国。他毫不迟疑地说让我带他去找纯正的加拿大枫树糖浆。记得他那高大的身材，低头弓背地钻进我的"甲壳虫"车子里，很兴奋地让我载他去。更记得次日与他吃早餐时，见他先把糖浆倒入匙羹内，又将匙羹里的糖浆慢慢地倒在舌尖上，抿起嘴，闭着眼睛，细细品尝，满脸的笑意和满足。至今每当我想到他时，他的这副样子都会重现。

想必大哥哥在他精彩、丰富、富于成就的一生中付出了许多，给予了许多，得到了许多。每个接触过他的人都对他有特殊的感情。他是一位好先生、好父亲、好教授、好校长、好科学家，他是我们的好大哥。

大哥哥，我们永远怀念您。

妹妹李筱莉

2017 年春

大哥哥和我们

李沛辉[1]

大哥哥离开我们转眼便 32 年了，但他的音容笑貌在我们的脑海里，还是那么清晰、那么深刻。记得我结婚那年，我和耀芳去探访大哥哥和大嫂，大哥哥见耀芳有些拘谨，马上用广州音的四川话与耀芳拉家常："你们那个重庆我也去了好几回，你们那个广柑好得很，水分多得很，个头又够大，就是酸了。现正在进行改良呢。"欢乐的气氛一下便充满了整个屋子。要知道大哥哥正是柑橘方面，尤其是国内防治柑橘黄龙病的权威。提起广柑，我又想起了大哥哥曾在他家里种过一种蒂特别长的木瓜，致使摘木瓜时十分方便，真是垂手可得，这应是大哥哥改良的品种吧。随后几十年，我见过不少的木瓜，那顺手可摘的木瓜，再也没有见过了。

大哥哥的博学不单在他的专业方面。我听沛燊三哥讲过。一次，澳大利亚外宾突然问大哥哥"豆腐和豆芽怎样做"。大哥哥的答复令老外十分满意。最使我感到佩服的是他经历了那么多的坎坷，但科学强国的信念，他从来没有放弃过。他促使华农与美国有关大学结成友好大学，不断引进国外先进的技术和设备，不断与国外学者进行学术交流，不断进行各种科学实验以及呕心沥血地培养各类人才……若大哥哥对我们的国家没有一颗赤诚的心，没有对科学的追求，如何能在农业教育、科研、实践和应用诸方面取得如此辉煌的成就，如何能直到现在仍受到人们的推崇和敬仰？

此时，我又想起了另一件事。1976 年元旦期间，我父亲在弥留之际向前来慰问的广州市有关领导交了要求将我从重庆调回广州的申请，广州有关单位也确实向重庆发了商调函，但重庆迟迟未有明确答复。不久，我父亲便去世了，我母亲因而感到十分焦虑，希望大哥哥能伸以援手。大哥

---

[1] 李沛辉，李沛文的堂弟。

哥得知原委后，去信给时任四川省委书记的赵紫阳反映此事。很快，四川省委便以省委秘书处名义答复了大哥哥。内容如下："有关你弟弟申请调回广州一事已得知，具体程序在进行中，有什么情况反映，可随时与我处联系。"我母亲得知此答复后，悬着的心才放了下来。1976年，中国发生了许多惊天动地的大事。次年，我和我全家终于回到广州。大哥哥在我调回广州的过程中所起的作用，我是永生难忘的。

时间到了2006年，在华农纪念大哥哥100周年诞辰及铜像揭幕活动中，我得知树芳和思轩等人去广州银河公墓，他们对大哥哥、大嫂的墓地选址不甚满意，我即与认识的公墓负责人联系后，树芳等人可就选址问题直接与对方协商。华农也出具了相关文件。经多方努力，大哥哥和大嫂终于安息在环境优雅的桂花园，而且树芳等人在离开广州前，墓地就修葺好了，让树芳对自己父母进行了合葬后的首次拜祭。事后，树芳和思轩等人都感到满意，还专门电话感谢我。其实，大哥哥、大嫂的事亦都是我的分内事。正如每年清明时节，从来都是不管人有多拥挤或天气好坏，我和耀芳必带领全家并代表不在广州的亲人去拜祭我的父母、太太、大哥哥、大嫂、三哥三嫂、张哥哥和张华，这实际上也是我的分内事。

怀念大哥哥有感而发：大哥仙去卅二载，终生为农育英才，当今神州满硕果，乘凉大树前人栽。

堂弟李沛辉

2017年4月18日于广州

怀念沛文大表叔公

周培元 [①]

我从小对大表叔公就有深刻的印象。小时候，每逢过年过节，父亲都会带我们去石牌华南农学院（以下简称"华农"）探望大表叔公和大表叔婆；祖父每次从北京回广州，大表叔公家是他必去的地方，我也经常陪同前往。祖父、父亲与大表叔公都是用广西苍梧的家乡话交谈，我平时讲的都是广州话，对家乡话并不熟悉，听他们用家乡话交谈，觉得很好听，像唱歌一样，我也是通过这些场合才慢慢熟悉和学会一些家乡话。那时候，我们对大表叔公的称呼往往把"公"字省略，跟父亲一样称呼大表叔，就像对梧州七叔公称呼七叔一样，把这些长辈称呼得年轻一些。

我小时候，很多有关大表叔公的事情都是从祖父和父亲口中得知的。记得祖父曾告诉我，当年大表叔公通过姑太公，请毛主席为华南农学院提写校名，毛主席很快就写了三幅，让选一幅。可见毛主席非常重视，也很给姑太公面子的。后来有一段时间，广州很多大专院校门口的校名都用了毛主席的字，但那都是找出毛主席的字样拼成的，而"华南农学院"是毛主席亲自专门题写的。大表叔公在华农工作多年，他对华农的建设倾注了毕生精力，为国家培育了大批农业人才，因此受到广泛的尊敬和爱戴。我后来遇到很多华农毕业的朋友，说起李沛文院长，都怀着尊敬的心情对他表示赞许。

记得有一次，那天是星期天，我接到大表叔公打来的电话，要我马上去石牌他的家中一趟。我很快就去了。原来，那天有几个外国留学生要来家中吃饭，大表叔公叫我帮忙做菜。我其实也不会做菜，也只有硬着头皮上了。记得做了一个西红柿炒鸡蛋，还有另外几个菜我忘记了。没想到那

[①] 周培元，李沛文的表侄孙。

几个外国留学生大赞好吃。大表叔公笑着对我说:"你的厨艺还不错嘛。"我简直是受宠若惊了。

1981年9月,我父亲不幸病逝。由于事前没有任何思想准备,那天上午父亲还自己开门接待来访朋友,下午去中山一院看病,打了一支不知什么针竟然突然去世。突如其来的变故,使我们不知所措、手忙脚乱。后事办得很仓促,全靠亲友来帮忙。不知什么原因,我竟然忘记了通知大表叔公一家。事后,大表叔公得知我父亲去世,他和树芳专门来我家,刚巧我们都出去了,他们在门口等候多时,仍未见我们回来,于是留下一封信,信中对我父亲的去世表示哀悼,我们回来看了信,非常感动,这封信我一直珍藏至今。

我祖父、祖母从1949年开始在北京工作、生活,他们身边的儿子陆续因工作离开北京。1958年,他们响应国家开发北大荒的号召,把原在北京空军工作的六叔远明送去北大荒以后,家中就只有两位老人相依为命。我祖母是个非常勤快能干的人,包揽全部家务,生活安排得井井有条。1976年冬季的一天,我祖母外出买菜,不慎在雪地上滑倒就再也没能醒来。祖母的突然辞世,使祖父生活出现了巨大的困难,于是向有关部门申请把我六叔一家从东北调回北京,以便照顾祖父生活。但事情进展非常缓慢,迟迟未获批准。我六叔、六婶只能轮流请假回北京照顾老人。请假就没有工资收入,他们的生活更加困难。1981年12月,祖父终于在忧郁中病逝。后来,有关部门认为,人都死了,儿子调京一事也不必办了。得此消息,大表叔公叫我去他家中,向我详细了解此事。他听完以后非常焦急,马上亲自起草了一封电报给民革中央主席王昆仑,副主席屈武、朱学范、郑洞国等领导,请求民革中央协助促成我六叔调京之事。电报交由我去电信局发送。电文很长,共250多字,里面有一句:"使怿甫同志遗愿得以实现,在生诸同志得以宽慰。"这封电报后来起了很大作用,在各方面努力下,六叔一家人终于从北大荒调回了北京。

我二叔公洪蕃早年在国民革命军第四军、十九路军及桂林办公厅任职,后又在家乡跟随姑太公从事革命工作;在中华人民共和国成立初期,工作得不到落实,家中生活困难。1951年,经大表叔公介绍,我二叔公到华南土特产交流展览会做财务工作，使他家中的经济困难得到缓解。

大表叔公就像一棵参天大树，庇护着李、周两家的亲人，他总是怀着一颗仁爱、慈祥之心，关怀和帮助大家，给我们送来温暖。

大表叔公又像一座丰碑，作为我国著名的农业科学家和教育家，他毕生在科学领域不倦钻研，在教育战线上默默耕耘，为振兴祖国农业奋斗终生。李沛文教授——这个响亮的名字，我们引以为荣。他的爱国心、事业心和献身精神，是激励我们的精神财富。

表侄孙周培元

2017 年 5 月 10 日

我的父亲和我们一家

李树芳[①]

抗日战争胜利后，大概是 1946 年 5、6 月间，母亲带领我们姐弟三人及多位小姑从广西苍梧老家回到了位于广州市海珠区康乐园的岭南大学校园。不久，父亲也从湖南回到广州。之后，我们家就住在"谭礼庭屋"。这是一栋两家共用的两层楼大屋，我们住在左边，右边是农学院的李德荃教授，他也是我母亲的远房亲戚。我们家离原来的校车站很近，距离怀士堂也不过 200 米，屋前有一大片草地，靠窗的花坛里种有米兰、非洲菊等花木，修剪整齐的矮灌木丛围绕着整个花园。从我开始记事起，好像我们都是自己走路去学校——不管是幼儿园或小学。幼儿园和小学在同一个地方。有一天，我被带到另一幢平房，里面摆放有桌椅，只听见老师轻声宣布：从今天开始你们上小学一年级了。对这新环境还在好奇中的我，一时还没回过神来，懵懂中已经成了一名小学生。

那时，除了学校和自己家，我们最常去的地方就是父亲的办公大楼——农学院，那里有许多马、牛、羊、鸡和鸟等动物标本，令我们心生好奇。而位于大楼底层的小卖部更是我们最喜欢去的地方，那里出售当时市场并不多见的雪糕、果冻，还有色彩艳丽、形态各异的棒棒糖等时尚零食，无时不吸引着我们的眼球。深谙小孩心理的父亲此时总能满足我们的愿望。看着满心欢喜的孩子们，满满的幸福写在父亲的脸上。

正当我们一家享受着安逸的生活时，一件令全家震惊的事情打破了往日的平静，掀起轩然大波。那就是父亲被国民党军统特务逮捕监禁一事。那是在 1949 年 9 月广州解放前夕，国民党节节败退，社会动乱，人心恐慌，不时有人失踪的消息成了大刊小报的头条新闻。人们在惶恐中度日，总担心灾难会不期而至。终于有一天下午，父亲去城里办事后没有回家。

[①] 李树芳，李沛文的儿子。

农垦处的司机回来后惊慌失措地告诉母亲："李院长被人带走了。"之后，母亲在岭南大学校长陈序经的陪同下，每天清早就出门，找一切可能找的关系，包括当时在广州的国民党代总统李宗仁，尽所有力量营救身陷险境的父亲。那段时间全家度日如年，不谙世事的孩子们也能从大人的神情里察觉出事态的严重。每天晚饭后，母亲把我们姐弟妹4个孩子带上楼，跪在父母卧室的大床边，她手按《圣经》，边哭边祈祷，祈求上帝保佑父亲平安。一头心系危在旦夕的父亲，一头牵挂4个还在幼年的孩子，所有的重任全压在母亲弱小的身躯上，霎时间她成了我们全家唯一的希望。大约十几天后的一个傍晚，母亲挽着看上去很疲惫的父亲，缓缓地从前门花园小路走来——父亲终于回家了。不久后，我们在怀士堂接受洗礼，全家继母亲之后成为基督徒。多年后我们才知道，陈序经校长找到当时国民党在广州的军统头号人物郑介民，以岭南大学校长及海南同乡的身份向郑求情，父亲才得以免遭厄运，保住了性命。我们全家对陈校长一直心怀由衷的感激！一场劫难终于得以幸免，压在全家心头的巨石落地了。除了亲朋好友的鼎力相助，母亲的付出或许只有她才最清楚，因此也彰显出母亲的沉着、坚强与睿智。此为我们小时候记忆最为深刻的一件大事。

我父亲李沛文出生在广西苍梧农村，七八岁时随父母离开老家，以后在广州、北京等地上小学和中学。1927年赴美国留学，在康奈尔大学取得园艺学士学位后，1932年获得硕士学位，1933年回国，1935年受聘于岭南大学农学院，任园艺系教授，后任植物生产学系系主任，1941年古桂芬院长病逝后，父亲接任农学院院长一职。时值抗日战争最艰难的岁月，日本侵略者攻陷香港后，岭南大学要撤离广州，农学院第一个搬迁至粤北山区韶关坪石镇。当时摆在全院教职员工及学生面前最为棘手的问题，一是生活安置，二是学校运作资金严重缺乏，还要开展正常的教学活动，困难之大可想而知。那时候的学生大多来自香港、广州、上海等沿海城市，他们随学校逃难来到贫瘠的粤北山区，生活很不适应。父亲和农学院的其他教师在生活上给予他们父母般的关怀。有些北方来的学生听不懂教授的粤语授课，父亲在晚上利用休息时间在昏暗的煤油灯下为他们用普通话和英语补课。多年后，曾在坪石学习过的学生回忆起那段生活经历，无不对父亲和农学院老师深怀感激之情。父亲一向对教学认真、严谨，有着强烈的责任意识。他会参考很多国内外资料，课前做充分准备，讲课非常生动，深入浅出、言简意赅，他的课总是受到学生们的特别喜爱。他经常教导学生：读书一定要认真踏实，打好基础，搞科研、做学问要全身心投入，不放过任何一个细节，锲而不舍，才会有所收获。他的学生陈长敬回忆道："李沛文教授任岭南大学农学院院长时，他要求每位新任教授上课前必先试讲，力求讲课内容简练，言语清晰，层次分明，重点突出，表达准确。李院长尤为注重讲课质量和效果，还强调下课前留3分钟归纳总结，重复关键内容，使学生加深理解，增强记忆。"

父亲如他们那一代的许多知识分子一样，有着强烈的科学救国理想和抱负。中国对比西方大国国力的巨大落差，使他早早就立志报效祖国，渴望用先进的科学技术改变中国贫穷落后、国力衰弱的面貌。他小时候生活在农村，对农业有深厚的情感，特别希望尽快改变中国的农业面貌。1939年，他与林孔湘、黄昌贤等教授一起建成潮汕柑橘试验场，在极其艰难的条件下开展柑橘育种及病虫害防治研究时，就立志"同仁等只求于农学有所改进，于柑农有所裨助，于国家生产有所增益，则鞠躬尽瘁，险阻艰难，固认为分内事也"。

父亲对旧中国政府的专制、独裁、愚昧、贪污腐败深恶痛绝。1949年，他任联合国广东农垦处处长时，就因不满国民党统治，违抗把农垦处物资转移到海南岛的命令而遭军统逮捕监禁，几乎付出了生命的代价。即使在"反右"运动中被划为"内部右派"下放到惠阳地区，后在"文化大革命"中受尽侮辱、摧残和折磨，身心遭受巨大创伤，却从不计较个人的荣辱得失，"文革"后他仍一如既往地以超常的精力，为国家的复兴、为实现农业现代化积极出谋献策。为华南农学院开展国际合作、为改善华农的科研条件，确定了与美国宾州州立大学等多所世界名校的合作关系，并千方百计争取到世界银行、联合国教科文组织等多方的资金援助，为中国的农业教育、技术事业发展壮大殚精竭虑，他奋斗到生命的最后一刻。

我母亲李娉意，广东台山人，是一个蕙质兰心、秀外慧中的知性女子，还是一个虔诚的基督徒。她14岁那年随父母从加拿大回国。那时，她父亲患有痨病，身体欠佳，母亲是文盲。回国后家境一落千丈，她凭一己之力，在当时广州最好的中学之一——培道女子中学（今广州市第7中学）完成学业，继而靠勤工俭学读完大学，并成为岭南大学知名教授陈心陶博士的研究生。其间，母亲已经肩负起她家庭的重任，把在老家的小弟妹带到广州读书，让他们尽早接受正规良好的教育。

父母育有子女4个，分别是大姐李慈君、二姐李婉君、我和小妹李淑君。我们在岭南大学生活的时间并不长，大概也就6年的光阴，而且都是10岁前后的事情，但我们对岭南大学有着极其美好的记忆。康乐园环境优美、典雅，处处散发出书香气息。校园布局整齐合理，大路笔直，小路弯曲各异，道路间全为平整的草地；建筑物多为中国传统式的大屋顶，红墙绿瓦，兼有西式的大礼堂，中西合璧。教授住宅多为带花园的洋房小别墅。步入岭南大学校园，宛如进入一个静谧怡人的园林。在我们的印象中，岭南大学教职员工之间关系十分和睦融洽，师生关系也颇为密切亲近。我的同班同学当中既有教授子女，也有职员或工人子弟，彼此情同手足，绝无拉帮结派的现象。父亲有一种特别的亲和力，虽然身为院长，从不以职位自居，经常带我们探访果园或农场的工人，到他们家里茶话，有如走亲戚一般。有人说岭南一家亲，这最能说明岭南人和睦相处的景象。

因为生活在同一校园，上同一所学校，家庭之间也常来常往。比如，我们和陈心陶、冯秉铨、何世光、肖祖徽、卢子荟、钟香举、林孔湘等家庭，都是至亲好友，直到60多年后的今天，父辈的友情一直延续下来，两代人、三代人……我们依然亲密无间，彼此想念着、关心着。

岭南大学受西方文化影响很深，常有各种西方文化活动，如星期日参加教堂礼拜、欢度圣诞节、开生日party等，这些活动为我们幼小的心灵打开了一扇窗户。

后来，我们姐弟妹4人分布在地球的东西南北，从事着不同的工作。大姐慈君从中学起就在北京生活、学习和工作，就读于中国地质大学，后留校任教，成为我国第一代水利地质专家、教授，直到2006年病逝；二姐婉君原系药剂师，后定居香港，改行教授钢琴，2007年移民加拿大；妹妹淑君原系省人民医院的儿科医生，1982年移民加拿大，与其女儿合办中医诊所多年；我大学毕业后被分配到广西工作多年，1982年去美国攻读硕士学位，1989年举家移民澳大利亚，一直从事食品加工研究。如今我们都已经退休，赋闲在家，含饴弄孙，颐养天年。我们能有今天的成就，当有赖于父母的精心栽培。记得父亲对我们说过，要诚实、勤奋，做正大光明的人；人不一定要很有钱，但一定要对社会有用；如果不诚实，胡作非为，再有钱有地位，只会对社会造成危害。父母亲的谆谆教诲，循循善诱，字字句句铭记在我们的心间。

我们的祖父李济深为官一辈子，身居高位却从不受贿，绝不贪污，始终以国家民族利益为重，以"但今身许国"明志。父亲说："不贪污，不受贿，绝不做损人利己、损公肥私的事。"这是李家的祖训，我们一定要世世代代遵守。在我上大学的时候，父亲这样对我说："天资聪颖，并不是人人都会有的，如果天资不及别人，只有靠勤奋补救，如俗语所说：勤能补拙，笨鸟先飞。下了苦功夫，会有好结果的！"大姐上大学时选择了相对偏门、将来就业也颇为艰苦的地质专业，父亲不仅没有反对，更鼓励她说："你有献身地质水利事业的想法很好，既然选择了，就应该干一行爱一行，投入自己的全部精力，不仅学得深，更要干得出色。"二姐曾患风湿病，我和妹妹淑君也有过较为严重的胃病。父亲就以自己战胜疾病的经验教育我们，不要被病痛吓倒，要有坚强的信念和乐观的心态去勇敢地面对。父亲还常教导我们，人的一生十有八九不如意，要有心理准备，一旦挫折降临，不必悲观失望，不为困难吓倒，不为失败折服，要有信心、勇气和决心，只要冷静思考，总有克服困难的办法，天无绝人之路，路就在你的脚下！

我们都已进入古稀之年，纵观我们走过的人生之路，我们可以骄傲地告慰父母，我们没有让他们失望。

在岭南大学生活的岁月留给我们美好的童年回忆。当时我们也正值记忆力最强的年龄，我们很清晰地记得那时的每一个人、每一件事，甚至每一所房子、每一棵树、每一寸土地。岁月如梭，往事如烟，寻寻觅觅在梦中。能把这些往事写成文字记录下来，那是一件非常有意义的事情。

2014年10月为《岭南记忆》撰写

李沛文主要论著

[1] Lee, Puiman. Translocation of nutrients in the apple tree during winter, spring and early summer. [Ithaca, N.Y.] Cornell University, 1932.

[2] 李沛文：《果树之肥料试验》，《岭南农刊》1935年第1卷第3期，第173～184页。

[3] 李沛文，王浩真：《柑橘贮藏试验（上篇）——窖藏试验》，《岭南农刊》1936年第2卷第2～4期，第241～283页。

[4] 李沛文，王浩真：《柑橘贮藏试验（下篇）》，《岭南农刊》1942年第3卷第1期，第9～12页。

[5] 李沛文：《荔枝的气体贮藏》，李来荣：《山地果树栽培研究》，上海：上海科技出版社1966年版。

[6] 李沛文等：《柑橘贮藏试验》，《果树通讯》1973年第4卷第3期，第34～37页。

[7] 李沛文等：《柑橘果实贮藏试验》，《柑橘科技通讯》1974年第14卷第3期，第23～27页。

[8] 李沛文：《防腐保鲜是保证水果丰产丰收的一个重要环节》，《果树通讯》1974年第9卷第4期，第1～3页。

[9] 李沛文等：《柑橘果实贮藏试验三年总结》，《广东农业科学》1975年第6期，第27～31页。

[10] 李沛文等：《柑橘果实在冷藏中出现"水肿病"的一些规律》，《柑橘科技通讯》1978年第30卷第3期，第50～52页。

[11] 李沛文：《现代农业及目前广东农业科学技术的几个问题》，《广东农业科学》1979年第28卷第1期，第6页。

[12] Lee, Puiwan. Temperature-cold injury curves of stored

oranges. HortScience, 1980, 15（3）:400, June.

［13］李沛文:《果品贮藏加工学》，北京：农业出版社 1981 年版。

［14］李沛文:《南方水果贮藏保鲜的几个问题》，《中国果品研究》1982 年第 4 卷第 2 期，第 2～3 页。

［15］陈维信，李沛文，苏美霞:《荔枝气调贮藏的研究》，《华南农学院学报》1982 年第 3 卷第 3 期，第 54～61 页。

［16］黄晓钰，李沛文，季作梁:《香蕉冷害症状及生理指标和有效防寒措施的研究》，《华南农学院学报》1982 年第 3 卷第 4 期，第 1～12 页。

［17］梁立峰，李沛文，季作梁:《荔枝大小年树营养芽及花芽分化与细胞分裂素的关系》，《华南农业大学学报》1985 年第 6 卷第 3 期，第 1～8 页。

［18］江建平，李沛文，苏美霞:《荔枝果实在发育和采后的乙烯产生及其生理作用》，《植物生理学报》1986 年第 12 卷第 1 期，第 95～103 页。

后 记

李沛文教授是我国著名的农业教育家、农业科学家和果品贮藏加工学科的主要奠基人。他一生为中国农业教育和农业科学技术研究的发展、为实现中国农业现代化呕心沥血，殚精竭虑，做出了重要的贡献。

受父亲李济深先生"但令身许国"爱国精神的熏陶，李沛文教授年轻时就有强烈的科学救国抱负。20世纪30年代从美国留学回国后，他更深切地渴望用先进的科学技术改变祖国贫穷落后的面貌。李沛文一生经历了长期的军阀内战和外强入侵，目睹了国家、民族灾难深重，人民极端贫穷、痛苦，很早就形成了对政治民主、社会公平的强烈追求。因不满国民党反动派的专制统治，他曾深陷囹圄，命悬一线；也在中华人民共和国成立后的多次政治运动中被批斗，身体和精神均遭受严重的伤害。但他从未气馁、消沉、退缩，从未改变为中华民族复兴贡献力量的初衷。

2006年，为纪念李沛文教授100周年诞辰，华南农业大学编辑出版并对内发行了《李沛文诞辰百年纪念册》。该纪念册收集了李沛文教授部分生平照片和学生、同事、朋友、子女以及生前工作单位撰写的纪念文章；记载了他一生为振兴祖国的农业科学技术事业、发展农业教育事业鞠躬尽瘁的感人事迹；介绍了他治学严谨、学识广博的精神和品质，以及对发展我国农业科学和果品贮藏加工科学做出的杰出贡献。《李沛文诞辰百年纪念册》送给了李沛文教授生前同事、朋友、学生和他的亲属以及有关农业院校、研究单位，受到一致好评。此次出版的《李沛文纪念文集》一书，在原纪念册的基础上增加了多篇李沛文亲属和学生的回忆文章，以及他在改革开放初期发表的对农业现代化和广东农业科学技术发展的认识和建议；还增加了李沛文中青年时期的许多生活和工作照片，以及改革开放后参加学术和社会活动的照片。我们诚挚希望《李沛文纪念文集》能更完整地展示李沛文教授的一生。